KINDER SICHER IM INTERNET

Mehr Bäume.
Weniger CO_2.
www.cpi-print.de/umwelt

MIX
Papier aus verantwor-
tungsvollen Quellen
FSC® C083411
FSC
www.fsc.org

Alexander Geyrhofer:
Kinder sicher im Internet
Alle Rechte vorbehalten
© 2019 edition a, Wien
www.edition-a.at

Cover: JaeHee Lee
Satz: Isabella Starowicz & Lucas Reisigl
Lektorat: Thomas Schrems
Korrektur: Valentina Bobi

Gesetzt in der Premiera
Gedruckt in Deutschland

2   3   4   5   —   23   22   21   20   19

ISBN 978-3-99001-309-0

ALEXANDER GEYRHOFER

KINDER SICHER IM INTERNET

Die digitalen Gefahren für
unsere Kinder und wie wir
sie davor schützen

edition a

INHALT

CYBER-TIME

Online-Sein immer und überall:
Was das für unsere Jugend bedeutet

CYBER-CRIME

Oder: Wenn das organisierte
Verbrechen zum Angriff auf unsere
Geldbörsen bläst

INTERNET-FITNESS FÜR ALLE

Ja, Sie haben vollkommen Recht, liebe Eltern, liebe Lehrerinnen und Lehrer, liebe Leserinnen und Leser – das Internet hat es in sich. Es weist bedeutend mehr Tücken auf und stellt uns bedeutend mehr Fallen, als wir wahrhaben wollen, als uns überhaupt bewusst ist. Auch, nein, gerade für unsere Kinder.

Eine Flut von Begriffen schwappt uns entgegen, begeben wir uns erst einmal tiefer hinein ins Netz, in Social Media und Co. Manche Begriffe werden Ihnen vertraut sein – allen voran dieser: Cybercrime. Oder dieser, wenn es um Online-Banking geht: Phishing. Andere womöglich schon etwas weniger, wie etwa: Cyberbullying. Sexting. Und dann erst solche Sprachmonster: Cybergrooming. Smack-Cam. Und so weiter.

Nein, liebe Eltern, liebe Lehrkräfte, liebe Leserschaft – Sie sollen nach Lektüre dieses Buches nicht zu Seitenschneider oder Zange greifen und die Internetverkabelung kappen. Oder auch nicht, weil alles längst drahtlos läuft, den WLAN-Router mit dem Vorschlaghammer zerdeppern. Das ist nicht das erklärte Ziel dieses Buches. Darum halten Sie es bestimmt nicht in Händen. Weil ich das keinesfalls möchte: Sie in helle Panik versetzen.

Mitnichten. Das Netz ist eine große Chance, die Fülle seiner Möglichkeiten ungeahnt. Es liegt allein an uns als Gesellschaft, einerseits die Vorzüge bestmöglich zu nutzen, andererseits jedoch den Schattenseiten mit ihren finsteren Darstellern keinen Zentimeter Spielraum zu geben. Darum ist genau das angesagt:

Fitness fürs Internet für Groß und Klein.

Wie erreichen wir diese Fitness für alle? Wie können wir verhindern, dass unsere Kinder zu Opfern werden? Wie schaffen wir es, dass sie sich nicht ohnmächtig ausgeliefert fühlen, im Fall des Falles, der rasch Wirklichkeit werden kann?

Wir schaffen es, indem wir den Hebel zuerst bei uns selbst ansetzen. Indem wir Erwachsene uns eingestehen weniger als nötig zu wissen, zugleich jedoch alles zu tun bereit sind, das zu ändern. Nein, wir sollten das Netz keinesfalls schlechtreden. Wir sollten uns vielmehr dafür sensibilisieren, uns Kompetenzen aneignen und diese eins zu eins an die Jugend weitergeben. Immer auch altersgerecht. Unsere Kinder von Anfang an begleiten. Das sollten wir. Vom allerersten Schritt an, den sie in das World Wide Web hineinsetzen. Und der erfolgt – ob wir es nun glauben wollen oder nicht – sehr viel früher, als wir in einem ersten Impuls annehmen würden. Noch lange vor Schule oder Kindergarten. Sie werden schon sehen.

Die Verantwortung für den richtigen Umgang mit dem Internet an Bildungseinrichtungen und Co. abtreten zu wollen, wäre zu billig. Auch wäre es der falsche Weg. Wollen wir etwas erreichen, müssen wir am selben Strang ziehen. Natürlich, wir alle haben, wie es so schön heißt, unsere Lebenserfahrungen selbst zu machen, damit sie auch nachhaltig wirken. Manches jedoch soll, nein, manches muss nach Kräften vermieden werden. Deshalb dürfen wir unsere Kinder nicht alleine lassen auf ihrem Weg in die digitale Welt.

Außerdem: Abgesehen davon, dass in den Schulen immer noch viel zu wenig, oder meist gar keine aktive Medienbildung betrieben wird, stünde mehr Fitness in Sachen Internet auch uns Erwachsenen ganz gut zu Gesicht. Oder in zeitgemäßen Worten:

Was es braucht, ist Medienkompetenz.

Also habe ich alles gängige, auf den neuesten Stand gebrachte Wissen für Sie zusammengetragen. So einfach aufbereitet wie möglich und zugleich maximal informativ und übersichtlich. Schließlich sollen weder wir, noch unsere Kinder, den zahllosen Phänomenen des Internets macht- und hilflos gegenüberstehen. Darum ist es dieser und kein anderer Ratgeber geworden. Einer, der mit zahllosen Beispielen aus dem echten Leben aufwartet. Mit anonymisierten Fällen und den entsprechenden Tipps, wie sich ähnliche Schicksale vermeiden lassen. Rechtzeitig und mit zumeist einfachsten Mitteln.

Bill Gates sagte einmal – das war in den Anfängen der Microsoft-Ära – in einem Interview: »Niemand wird mehr als 640 Kilobyte Speicherplatz in seinem PC brauchen.« Das war eine der wenigen öffentlichen Aussagen

Gates', bei der der sonst brillante Visionär völlig danebenlag. Heute hat ein Durchschnittshaushalt oft schon Speicherkapazitäten im Terabyte-Bereich zur Verfügung. Terabyte? Haben wir denn eine Vorstellung, um welch unglaubliche Datenmenge es sich dabei handelt?

Ein Kollege des Landeskriminalamtes in Oberösterreich, wo ich jahrelang im Kampf gegen Cyberkriminalität tätig sein und zugleich als Bundestrainer rund 400 Polizeibeamte in Sachen Prävention schulen durfte, hat sich einmal die Mühe gemacht und einen Vergleich hergestellt, um 400 Terabyte greifbar zu machen.

400 Terabyte, das ist ungefähr jene Datenmenge, die Ermittler der IT-Gruppe der Landeskriminalämter pro Jahr im Schnitt auszulesen haben. Nicht alle gemeinsam. Jeder Einzelne. Würde es sich ausschließlich um Textdateien handeln, müsste ein handelsüblicher Drucker – so die Berechnung – 85 Jahre lang nonstop ein Blatt ums andere ausspucken, um diesen Informations-Tsunami zu bewältigen. Vorausgesetzt, Wechsel von Papier und Druckerpatronen erfolgte fliegend. Wie bei der Air Force 1 des US-Präsidenten, wenn sie in der Luft aufgetankt wird.

Im Jahr 1973, ich selbst war damals noch ein Kind, kam das erste Handy auf den Markt. Es wog einen Kilogramm und war zwanzig Zentimeter lang. Ein richtiger Ziegel. Ende der 1980er-Jahre wiederum gab es tragbare Autotelefone mit Schultergurt und Hörer samt Spiralkabel, die, den Akku eingerechnet, sogar neun Kilo auf die Waage brachten und mehr kosteten als ein gebrauchter Mittelklassewagen. Heute verfügen wir über Smartphones, die uns als tragbare Minibüros dienen und über weit mehr Technologie verfügen, als die erste Rakete des Raumfahrtprogramms Apollo zu Beginn der 1960er-Jahre.

Ob Social Media und Smartphone, Notebook oder Tablet, PC, X-Box, Wii, Playstation oder Gameboy – sie alle üben mittlerweile enormen Einfluss auf die Gesellschaft aus. Wie sehr sich doch unser aller Zusammenleben in den vergangenen zwei Jahrzehnten verändert hat. Wie wäre es wohl der heute älteren Generation ergangen, die gerne über die sogenannte Handygeneration der Jungen schimpft, hätte sie in der Jugend selbst eine so rasante technologische Entwicklung erlebt? Hätte sie sich nicht ebenso fasziniert und in den Bann gezogen gezeigt? Hätte sie so ein Wunderding, wie ein Handy, nicht ebenso wenig aus der Hand legen wollen?

Im Jahr 1993, als mein Sohn Christoph sechs Jahre alt war, bekam er seinen ersten Gameboy. Ich selbst war 29 und, ich muss es gestehen, um nichts weniger begeistert als er. Spielergebnisse abspeichern, wie es heute eine Selbstverständlichkeit ist, war damals nicht möglich. Also lautete die Devise: Spielen bis zum bitteren Ende. Das tat ich dann auch, und zwar so lange, bis das Tetris-Raumschiff endlich startete. Nicht immer zur Freude meiner trotz allem geduldigen Frau.

Und heute?

Heute ist der Einfluss des Internets allgegenwärtig. Oft genug bekommen wir von jungen Menschen als Berufswunsch diesen zu hören: Youtuber. Manche Eltern belächeln dies nur. Vermutlich, weil ihnen gar nicht bewusst ist, wie viele Menschen mittlerweile genau damit Geld verdienen. Viel Geld sogar. Denken wir nur an diese Namen: Lisa-Marie Schiffner, Dagi Bee, Die Lochis, Bibis Beauty Palace, LeFloid, Joyce Ilg und wie sie alle heißen mögen. Dabei haben wir jetzt noch gar nicht von den Hunderten von Gaming-Channels gesprochen.

Die drei Ebenen des World Wide Web

Das noch, bevor wir uns in die Höhle des Löwen genannt Internet, stürzen – ein paar Begrifflichkeiten, die uns auf unserer Reise immer wieder begegnen werden. Prinzipiell unterscheiden wir zwischen drei Ebenen des Internets:

Whitenet.
Deep Web.
Darknet.

Bei Vorträgen stelle ich gerne den Vergleich mit meinem geliebten Attersee an. Stellen Sie sich den See mit seiner glitzernden, vom Wind leicht gekräuselten Oberfläche vor und dazu dieses einfache Bild als Analogie:

Schwimmer, Bojen, Boote, Stockenten, ein Schwan – sie alle stehen für das Whitenet. Dafür, was wir bei raschem Blick an der Oberfläche ausmachen können. Darunter fallen beispielsweise die Suchmaschinen, alles, was Otto Normalverbraucher googelt, auf Wikipedia sucht oder mit anderen Browsern wie *Opera, Firefox* oder *Edge* et cetera findet.

Positionieren Sie sich nun in Gedanken am Ufer des Sees. Stieren Sie konzentriert unter die Wasseroberfläche. Fische, Steine in Ufernähe, Pflanzenbewuchs und so weiter. Alles, was nun sichtbar wird, ist das Deep Web. Jener Bereich des Internets, zu dem nicht jedermann einfach so Zutritt hat, der sich jedoch per Registrierungsschlüssel auf legale Weise betreten lässt. Zum Beispiel durch Zugang zu einer Universitätsbibliothek.

Und dann gibt es das tatsächlich Unsichtbare. Das berühmt-berüchtigte Darknet. Die Untiefen, die auch beim Attersee nicht ohne sind, wie Taucher wissen. Anders als im Wasser jedoch spielen sich im Darknet die wirklich üblen Dinge ab. Darknet ist, wo auch Kriminalität nicht allzu weit ist. Internetkriminalität.

Und dann wäre da noch dieser Begriff: Tor-Browser.

Wie alle anderen Browser (im Whitenet) lässt sich auch der Tor-Browser gratis runterladen. Sein Zweck? Das Anonymisieren von Netzwerk und Verbindungsdaten. Tor schützt seine Nutzer vor der Analyse des Datenverkehrs. Mit ihm lässt es sich anonym surfen. Das demnach ideale Werkzeug für das Darknet.

Übrigens: Strafbar ist die Verwendung eines solchen Browsers prinzipiell nicht.

Folgen Sie mir nun also in die Tiefen des Internets. Das muss nicht zwingend das Darknet sein. Einfach dorthin, wo die Gefahren lauern. Aber auch dorthin, wo es gilt, die vielen Chancen des Netzes sinnvoll zu nutzen. In unserem eigenen Sinne. Und im Sinne unserer Kinder.

Ihr Alexander Geyrhofer

CYBER-TIME

Online-Sein immer und überall:
Was das für unsere Jugend bedeutet

MEDIENKOMPETENZ –
MEHR ALS EIN SCHLAGWORT

In der wohlvertrauten, analogen Welt behüten wir unsere Kinder wie Glucken. Bis sie junge Erwachsene sind und oft sogar darüber hinaus. Doch kaum tun sie erste Schritte in die Welt des Digitalen, lassen wir sie mutterseelenallein.
Warum nur?

> *»Ab wann, glauben Sie, kann es für Kinder*
> *gefährlich sein, sie mit Smartphone beziehungs-*
> *weise Internet alleine zu lassen?«*

Das ist eine beliebte Einstiegsfrage, mit der ich Elternabende zumeist eröffne. Dann setze ich sofort mit ein paar Fakten nach: Jeder Siebte, das sind 14 Prozent der Drei- bis Fünfjährigen, hat bereits ein eigenes Smartphone. Bei den Sechs- bis Zehnjährigen sind es vier von zehn. Und von da weg – bei den Elf- bis 15-Jährigen – fast schon jedes Kind. Genau genommen 90 Prozent. Als Spiegel dieser Entwicklung, ergänze ich noch, passt auch folgende Erhebung einer Jugendmedienstudie[1] aus dem Jahr 2017. Die Frage lautete:
»Kannst du dir ein Leben ohne Handy vorstellen?«
Undenkbar, sagen acht von zehn Jugendlichen. In exakten Zahlen: 78 Prozent. Was nicht weiter verwundert.

---

1   https://www.edugroup.at/innovation/forschung/jugendmedien-studie/detail/5-ooe-jugend-medien-studie-2017.html

Immerhin lernen Kinder von klein auf, dass Smartphones unverzichtbare Bestandteile des Lebens sind. Sie lernen es durch das Medienverhalten älterer Geschwister oder der Eltern, und das erste Gerät im Leben eines Kindes ist oft genug ein geerbtes – vom älteren Bruder, der älteren Schwester, von Vater oder Mutter oder anderen Verwandten.

Wie sieht nun dieses Erlernen von Medienverhalten in der Regel aus?

Aus der Praxis

Kurt, 37, ist Lehrer. Neben ihm auf dem Beifahrersitz sitzt seine Frau Anna. Im Fond des Wagens die beiden Söhne: Maximilian, 3, und Sebastian, 5. Heimaturlaub in Österreich ist angesagt und die junge Familie gerade in Kärnten unterwegs. Eine Szene, die jeder Elternteil bestimmt hundertfach erlebt hat. Hunger überfällt die Kleinen, ein Gasthaus muss her. Und zwar jetzt. In der Sekunde.

Kurts Handy ist über Bluetooth mit dem Auto synchronisiert. Er hat von Arbeitskollegen von einem Gasthaus gehört, das in der Nähe sein soll. Ein Geheimtipp. Also läuft es so ab: Google-Spracheingabe aktivieren, Namen des Gasthauses sagen. Google liefert prompt. Adresse. Telefonnummer. Anruf folgt.

Wenig später ist alles geritzt, ein Tisch reserviert.

Was haben Maximilian und Sebastian hinten im Wagen gelernt?

Sie haben fürs Leben gelernt. Nämlich: Wenn ich den richtigen Knopf drücke und etwas hineinsage, bekomme ich eine Antwort. Und zwar sehr schnell.

Tipp

Machen Sie zur Einschätzung der Gefahren für Ihre Kinder einen Selbstversuch. Nehmen Sie das Smartphone zur Hand, betätigen Sie die Spracheingabe. Sagen Sie laut: »Porno.« Oder auch: »Penis.« Ergebnis? Eine blitzartig bereitgestellte Flut von Fotos oder Links zu Pornoseiten. Dasselbe können Ihre Kinder auch, sobald Sie sprechen und sich halbwegs klar artikulieren können.

Sprachsteuerung ist das eine, Onlinespiele sind das andere. Vor allem, wenn Kinder erst einmal lesen und schreiben können, ist solcher Zeitvertreib ausgesprochen reizvoll. Nicht, dass diese Spiele prinzipiell zu verurteilen wären, doch die Gefahr lauert in einem Feature, das die meisten bereitstellen: die Chatfunktion.

Denn natürlich haben auch Pädophile Onlinespiele längst für sich entdeckt. Vor allem solche mit Chatfunktion. Sie ist es, die es Erwachsenen, fast ausnahmslos Männern, erlaubt, sich an Minderjährige heranzumachen. Fachbegriff dafür: *Cybergrooming.* Internet-Streicheln. Eine fast verharmlosende Übersetzung dafür, was den Tätern im Sinn steht. Die sexuelle Anmache von Kindern. Sei es verdeckt. Sei es auch ganz offensiv.

Aus der Praxis

Bei einer internationalen Schulung, an der ich als Polizist teilnahm, wurde folgendes Szenario simuliert: Ein deutscher Kollege loggte sich um 9 Uhr vormittags in ein Online-Rollenspiel für Kinder ein. Er gab sich als zwölfjähriges Mädchen aus. Natürlich mit Nicknamen. *Sweetrose 12.*

Es war auch für uns erfahrene Ermittler unglaublich: Nach genau fünf Minuten geschah es bereits – Sweetrose 12 wurde angeschrieben. Über die Chatfunktion des Spieles. Das Muster, nach dem der Kontakt ablief, war uns wohlvertraut. Fazit: Mit der größten Wahrscheinlichkeit hatten wir einen Pädophilen an der Angel.

Wie schnell das mitunter gehen kann, zeigte ein weiterer Versuch. Diesmal fälschten wir ein Profil (mit Foto) unter dem Nicknamen *Sexysusi 13*. Platt und auffällig, könnten Sie nun dagegenhalten. Doch der Account verfehlte seine Wirkung nicht.

Gleich zwei User mit eindeutig pädophilen Neigungen kontaktierten uns innerhalb von 24 Stunden. Der eine schrieb:

»Hey, cooles pic von dir, gibt's weitere pics?«

»Welche pics willst denn?«

»Ich will normale Fotos von dir. Ich glaube ja nicht, dass du Nacktfotos hast. Und wenn du welche hättest, würdest du sie ja nicht schicken. Oder?«

Der andere Cybergroomer ging gleich ordentlich zur Sache. Er bot uns 150 Euro an. Für ein Livetreffen mit Oralsex.

Was sagen uns diese beiden Beispiele?

Sie zeigen vor allem auf: Seit es das Internet gibt, ist in Sachen Pädophilie kein Stein auf dem anderen geblieben. Nicht, dass es diese Neigungen nicht immer schon gegeben hätte. Das World Wide Web jedoch hat die Möglichkeiten für Menschen mit sexuell krankhaften Neigungen regelrecht explodieren lassen. In einem geschützten, weitgehend anonymen Raum obendrein.

Wer in Vor-Internet-Zeiten sexuellen Kindesmissbrauch betrieb, war darin stark limitiert. Verwendet wurden analoge Kameras, ob Foto oder Video. Die wenigsten kannten sich mit dem Entwickeln von Filmen aus, mussten sich demnach an Vertraute oder Eingeweihte mit eigener Dunkelkammer wenden. Mit dem heißen Material zum nächsten Drogeriemarkt zu gehen, um es dort ausarbeiten zu lassen, war ausgeschlossen.

Weitgehend begrenzt war damals auch noch die Community. Alles lief mehr oder minder auf persönlicher, oft auch regionaler Ebene ab. Man kannte sich. Man tauschte sich postalisch aus, per Brief oder Paket. Oder bei Geheimtreffen auf irgendwelchen unbeleuchteten Parkplätzen mitten in der Nacht.

Und heute?

Heute sind die Möglichkeiten des Austauschs unter Pädophilen fast unbegrenzt. Er erfolgt blitzartig, über eine 100mbit-Leitung im Darknet zum Beispiel. Weltweite Vernetzung mit Gleichgesinnten inklusive. Hinzu kommt die enorm weiterentwickelte Technologie bei Foto und Video. Wer nur ein klein wenig Ahnung vom Darknet hat, erkennt rasch: Will die Polizei in diesen Untiefen des Netzes Straftäter ausforschen, sind die Möglichkeiten sehr limitiert. Ein langer und steiniger Weg, der oft genug nicht ans Ziel führt.

Was ist die Konsequenz?

Die Konsequenz ist, dass wir als Gesellschaft mehr denn je gefordert sind. Indem wir uns so früh wie möglich in das digitale Leben unserer Sprösse einblenden. Doch gerade da fühlen sich die allermeisten überfordert. Seien es die Eltern. Seien es die Lehrer.

Die Wischergeneration

Die verhältnismäßig junge Geschichte des Internets bringt es naturgemäß mit sich. Unsere Gesellschaft ist zersplittert in Gruppen mit unterschiedlichstem Wissensstand. Am höchsten ist er natürlich bei ihnen:

Den Digital Natives.

Die Ureinwohner der digitalen Welt, dank ihrer Jugend von Anfang an dabei. Zu ihren allerersten prägenden Erfahrungen im Leben zählt es mitunter, zu sehen, wie wir Erwachsene, oder Schwester und Bruder auf seltsamen kleinen Dingern mit den Fingern herumwischen und sich Erstaunliches tut. Diese Bewegungen nachzuahmen ist den Kleinen ein Leichtes. Sobald ein Bildschirm in

der Nähe ist, geht es los. Der Kabarettist Günter Grün-
wald hat dafür diesen Ausdruck geprägt:
Wischergeneration.

Und dann – bestimmt ergeht es Ihnen da ganz ähnlich
– bekomme ich von Bekannten oder Freunden immer
wieder Sätze wie diese zu hören:

>»Ein Wahnsinn, die Jugend von heute!*
Die können gar nicht mehr kommunizieren.
Die befassen sich doch nur noch
mit dem Smartphone.«

Das sehe ich entschieden anders. Jugendliche kommunizieren auch mit dem Handy. Sie tun es zusätzlich, kommunizieren in Summe also deutlich mehr als wir Erwachsene. Allein schon die Vielzahl der WhatsApp-Gruppen,
in denen sich die meisten jungen Leute tummeln. Bis
zu fünfzig und sogar noch mehr. Die jungen Menschen
unterscheiden in der Regel sehr genau, mit wem sie wo
chatten. Und wem sie was schreiben. Mit wem sie welche
Dinge teilen und mit wem lieber nicht.
Hinzu kommen weitere Freizeitaktivitäten als Quelle
von Kommunikation unter jungen Menschen. Während
des Unterrichts dürfen sie üblicherweise ohnehin nicht
online sein. Die Hausordnungen in Schulen untersagen
das. Und dass beim Verlassen des Schulgebäudes drauf-
losgechattet wird, ist völlig normal. Ausnahmen gibt es
natürlich auch da – vor allem, wie in allen anderen Le-

bensbereichen auch, wenn der Gebrauch so krankhaft exzessiv wird, dass es an die Gesundheit geht.

Dabei genügt es oft, wenn wir uns selbst an der Nase nehmen. Wenn wir unser eigenes Internet- oder Smartphone-Verhalten selbstkritisch überdenken und hinterher unsere Vorbildfunktion neu bewerten.

Bleiben wir beim Beispiel WhatsApp: Warum verwenden wohl so viele Kinder und Jugendliche genau diesen Kanal und keinen anderen? Obwohl doch der Gebrauch – die Allgemeinen Geschäftsbedingungen strenggenommen – lange Zeit erst ab dem vollendeten 16. Lebensjahr erlaubt war, bevor das Limit auf 13 Jahre gesenkt wurde?

> *WhatsApp und Co. –*
> *Kinder und Jugendliche tun es, weil wir es*
> *auch tun. Wenn wir es tun, kann es weder*
> *gefährlich noch bedenklich sein.*

Genauso lernen und sehen die Jungen das. Im Prinzip ist es auch richtig: Gefährlich sind weder Social Media, noch WhatsApp und Co. per se. Gefährlich sind ganz allein ihre User.

Aus der Praxis

Machen Sie erneut einen Selbstversuch! Laden Sie doch wieder einmal Gäste ein. Nehmen Sie Ihren Freunden die Garderobe ab und im nächsten Moment das Telefon. Halten Sie ihnen mit ein paar netten Worten eine Schachtel hin, auf der geschrieben steht: *Handyparkplatz.*

Heute, sagen Sie zu Ihren Gästen charmant lächelnd, wünschen wir uns eine handyfreie Zeit. Ein Beisammensein ohne die lästigen Dinger. Und beobachten Sie zugleich die vielen, bestimmt sehr unterschiedlichen Reaktionen.

»Ich muss unbedingt erreichbar sein«, wird der Klassiker unter den Antworten sein. Jene, die ihr Handy besonders widerwillig ablegen, können Sie bestimmt dabei beobachten, dass sie ungewöhnlich oft zur Toilette müssen. Um sich in Richtung Handyparkplatz zu stehlen.

Soweit müssen wir aber gar nicht gehen. Oft genügt bereits ein aufmerksamer Blick ringsum, um sich des längst eingefahrenen Handyverhaltens der Menschen zu vergewissern. In der U-Bahn. Im Bus. Auf der Straße. Überall Menschen, die Ohrstöpsel oder Kopfhörer tragen oder einfach gebannt nach unten starren. Da wird gesurft, gestreamt und Musik gehört, was das Zeug hält.

Als die Firma Sony 1979 den ersten Walkman auf den Markt brachte, war das eine Sensation. High-Tech pur nach damaligen Maßstäben. Und zugleich der Tribut an ein Bedürfnis von immer mehr Menschen, auch in aller Öffentlichkeit Musik hören zu können – ohne Zwangsbeglückung der Umwelt. Die einen wollten lauschen, die anderen nicht von der Musik gestört werden.

Heute hat sich der Gebrauch der High-Tech-Dinger beinahe ins Gegenteil gekehrt. Die meisten Menschen verwenden die Geräte aus einem völlig anderen Grund, nämlich: Sie selbst sind es, die nicht gestört werden wollen. Fast könnte man sagen: der neue Zeitgeist.

Was macht das mit unseren Kindern?

Dass nicht Internet oder Smartphone an sich das Problem darstellen, sondern unser Mangel an Medienkompetenz, unsere Sorglosigkeit und unser Verhalten, das unsere Kinder oft spiegeln, zeigt sich auch, wenn wir Bilder wie diese aus dem Gedächtnis abrufen: Mütter, und Väter, die den Nachwuchs vor sich im Kinderwagen sitzen haben und lieber aufs Handy stieren, anstatt die Aufmerksamkeit den Kleinen zu schenken.

Die Folge: Es wird ziemlich bald gequengelt. Die Botschaft von oben nach unten ist auch unmissverständlich.

Du bist nicht wichtig.
Wichtiger ist mein Smartphone.

Aus der Praxis

Sie sind ein junges Paar. Sie freuen sich, alle beide, dass die junge Liebe Früchte trägt. Nach langen Monaten des Entgegenfieberns kommt ihr Kind zur Welt. Es macht rasch Fortschritte, beginnt zu krabbeln, sich hochzuziehen. Bald schon tut es auch die ersten Schritte. Anfangs nehmen sie es noch bei der Hand, um Stürze und Verletzungen zu vermeiden.

Dann bekommt es sein erstes Laufrad. Mitsamt Schutzausrüstung. Ein Sturzhelm. Dazu Ellbogenschützer. Auch das erste Fahrrad ist gesichert. Mit Stützrädern. Später werden sie abmontiert.

Bei mir und meinen Kindern war es nicht anders. Auch ich bin besorgt hinter ihnen hergelaufen, als sie allein die ersten, wackeligen Meter zurückgelegt haben. Ich habe sie vorerst am Gepäckträger gehalten. Das Gleichgewicht fürs Radfahren zu halten, will eben erlernt sein.

Beim Skifahren, Snowboarden und anderen Sportarten schlagen wir oft andere Wege ein. Da schicken wir unseren Kleinen zu Profis, die sie den Umgang mit den Sportgeräten lehren. Dazu auch gleich alle Sicherheitsvorkehrungen, die man eben so braucht. Im Straßenverkehr, wo bekanntlich besonders viele Gefahren lauern, ist es genauso. Zu Beginn zeigen noch wir ihnen, worauf es ankommt. Etwa beim Queren einer Straße auf dem Schutzweg. Oder auch, wo sonst Gefahren auf dem Schulweg lauern. Hier kommen auch schon die Verkehrserzieher der Polizei ins Spiel. Sie machen Schulbesuche. Später folgen Fahrradprüfung, Mopedführerschein. Dann der Führerschein. Der L17 womöglich, wo wir selbst mit der Jugend viele Kilometer abspulen. Dreitausend mindestens. Graue Haare, die uns dabei auf dem Beifahrersitz spontan wachsen, sind keine Seltenheit. Das alles, weil wir letzten Endes unsere Kinder beschützen, sie auf die Gefahren auf dem Highway vorbereiten wollen.

Nun die Frage der Fragen:

Warum lassen wir unsere Kinder dann auf diesem anderen Highway, dem Datenhighway, allein? Wo ist da auf einmal unsere Verantwortung abgeblieben?

Vermutlich zählen Sie als Leserinnen und Leser dieses Buches zu den sogenannten Digital Immigrants. So wie ich. Zu jenen Menschen also, die nicht mit der digitalen Welt aufgewachsen sind. Die erst hineinwachsen mussten. Oftmals nicht ohne große Mühen.

Können wir uns als digitale Zuwanderer so einfach der Verantwortung entziehen? Sind wir, weil es nicht von vornherein unsere Welt gewesen ist, davon befreit, andere Bewohner zu beschützen? Gelten Ausreden wie »Ich kenne mich da nicht aus.«? Dürfen wir eigene Verpflichtungen ohne weiteres auf andere abwälzen? Auf den Schulbetrieb zum Beispiel?

Beantworten wir auch nur eine dieser Fragen mit Ja, so zählen wir zu ihnen: den digitalen Verweigerern. Den digitalen Außenseitern.

Kritische Situationen gibt es für Kinder auch in ihrer Internet-Existenz immer und überall. Sie damit allein zu lassen, ist grundfalsch. Wie sonst auch, benötigen Heranwachsende immer wieder Ansprechpartner. Jemand, dem sie uneingeschränkt vertrauen können. Wie solch kritische Situationen im World Wide Web aussehen können, möchte ich Ihnen in den folgenden Kapiteln in allen Einzelheiten offenlegen.

Immer wieder bin ich auf Eltern oder Lehrkräfte getroffen, die es mir offen ins Gesicht gesagt haben: »Facebook? WhatsApp? Keine Ahnung. Da kenne ich mich nicht aus. Interessiert mich auch nicht. Ich will mich erst gar nicht damit befassen.« Allesamt Menschen, die täglich mit Kindern zu tun haben.

Solche Signale erreichen dann nicht nur mich in einem einmaligen Gespräch. Sie werden im Gegenteil an die Kinder dieser Menschen, an ihre Schutzbefohlenen ausgesendet. Tag für Tag. So werden aus anfangs vielleicht noch kleinen Problemen rasch größere. Weil niemand da ist, der sich ihrer annimmt.

Würde ich mit meinem Auto in die Tischlerei fahren, wenn die Motorkontrollleuchte blinkt? Sicher nicht. Kinder tun das ebenso wenig. Sie haben feine Antennen dafür, wer im Problemfall für ihre Anliegen da ist. Und vor allem, wer nicht. Wenn wir das doch sein wollen, bleibt nur dieser eine Weg:

Auf in Richtung Medienkompetenz!

Kinder müssen immer dafür gerüstet sein: für den Worst Case. Sie müssen genau wissen, an wen sie sich im Notfall wenden können. Seien es die Eltern. Seien es die Lehrer. Ein Onkel. Eine Tante. Pate oder Patin, Freunde der Familie. Wer sich in der Medienlandschaft auskennt und zugleich das Gefühl vermittelt, ein immer offener, vertrauenswürdiger Gesprächspartner zu sein.

Natürlich gibt es auch zu diesem Thema Studien. Eine davon, für den gesamten EU-Bereich erstellt, ergab beispielsweise in punkto Mobbing: Kinder und Jugendliche erwarten sich da am ehesten Hilfe unter ihresgleichen, in der Peergroup. Bleibt diese Unterstützung aus, werden Erwachsene zu Rate gezogen. Wenn es denn welche gibt, die in Frage kommen. Denn die (oft nicht unberechtigte) Angst davor, Eltern etwa könnten überreagieren, verhindert diesen Schritt. Etwa, weil verlangt würde, den Facebook-Account zu löschen, weil der Internetzugang gesperrt oder das Smartphone überhaupt einkassiert würde.

Was ist der nächste Schritt?

Oft genug dieser: das Outing in einem x-beliebigen Internetforum. Auch dort haben sich längst jene dunklen Charaktere eingenistet, mit denen unsere Kinder besser nicht in Kontakt kämen. Erinnern wir uns nur an das besonders tragische Beispiel von Amanda Todd, das Mädchen aus dem kanadischen Vancouver. Amanda wurde nur 15 Jahre alt. Zu Tode gemobbt. In einem achtminütigen, bewegenden und um die Welt gehenden Video erzählte sie auf Karteikarten ihr Schicksal, nahm Abschied. Danach beging sie Selbstmord.

Ihre Geschichte entstammt nur auf den ersten Blick einer fernen Welt. In Wirklichkeit ist es eine Allerweltsgeschichte. Ebenso gut hätte sie in Österreich oder Deutschland spielen können. Und sie hat auf besonders tragische Weise klargemacht:

Kinder müssen aktiv auf das Internet
vorbereitet werden. Auf seine Vorteile.
Und auf seine Gefahren.

Kinder müssen wissen, was es mit der Anonymität im Netz auf sich hat. Kinder müssen wissen, dass es Phänomene wie dieses gibt: Genderswapping. Dass dies nichts anderes bedeutet, als dass Männer sich als Frauen und Frauen sich als Männer ausgeben.

Doch damit nicht genug: Kinder müssen auch wissen, dass sie niemals schuld sind, wenn sie Opfer einer Straftat im Internet werden. Kinder müssen wissen, dass ihnen keine Gefahr droht, wenn sie sich jemandem anvertrauen. Dass sie deshalb nicht ihren Zugang zu Social Media verlieren. Weil Social Media und Co. ein wichtiger Teil ihrer Entwicklung sind. Weil Social Media und Co. zu ihnen gehören wie vieles andere auch. Weil Social Media und Co. ebenfalls zur sozialen Entwicklung eines modernen Menschen zählen. Weil das außer Streit stehen muss. Strittig sein sollte allein, wie wir damit umgehen.

SMARTPHONES –
SEGEN ODER FLUCH?

Können, sollen, dürfen, müssen wir unsere Kinder, weil wir sie doch beschützen wollen, vom Gebrauch von Handys ausschließen? Oder sollen wir sie walten und schalten lassen, wie sie wollen? Ist das eine zeitgemäß und das andere sinnvoll?

Geht es uns da nicht allen gleich, mal mehr, mal weniger? An manchen Tagen verfluchen wir das Ding, wünschen es irgendwo hin, nur nicht in unsere Nähe. Weil es uns belastet, weil es an uns hängt, wie ein Klotz am Bein. Wie festgekettet. Weil es uns zu Sklaven macht. Und zugleich möchten wir es nicht missen, können uns ein Leben ohne nicht so recht vorstellen.

Nicht so recht? Nein, gar nicht.

Ein überaus zwiespältiges Verhältnis, das wir zu unserem ständigen Begleiter aufgebaut haben. Doch es ist allgegenwärtig. Die Zahlen belegen das auch. In beinahe jedem Haushalt im gesamten deutschsprachigen Raum gibt es mindestens eines davon. Oftmals jedoch mehrere.

Das Mobiltelefon.

Wir sollten es ausschließlich zum Telefonieren benutzen. Das sagen in der Regel bloß jene, von denen wir schon als digitale Außenseiter gehört haben.

Telefonieren als beliebteste Handy-Funktion ist im Ranking mittlerweile weit abgeschlagen, rangiert erst an sechster Stelle. Davor WhatsApp, Musik hören, fotografieren, Youtube und andere Streamingdienste, Internetsurfen.

Dann erst der Zweck, für den es irgendwann einmal entwickelt wurde: telefonieren.

Wir wissen es natürlich, vergessen es aber im Alltag allzu gerne: Unsere Kinder leben nach, was wir vorleben. Nonverbale Kommunikation. Sei es in Text, Bild, Video oder Ton. Sich unterhalten im Sinne von unterhalten werden, sich informieren. Dass diese sogenannten Instant Messenger, die uns digitale Kommunikation in Echtzeit ermöglichen, auch als Tatwerkzeug missbraucht werden, steht auf einem anderen Blatt Papier. Dazu kommen wir noch ausführlich (siehe *Cyberbullying*).

Bleiben wir noch beim Smartphone an sich. Bei seiner bloßen Existenz. Dass unsere Sprösse eines Tages eines besitzen und benutzen, ist kaum zu verhindern. Irgendwann bricht bei so gut wie jedem Elternteil die Mauer des Widerstands ein. Ich selbst, als Vater von vier Kindern, weiß nur allzu gut, welche Probleme im Umgang mit dem Handy auftauchen können. Auch ich musste lernen.

Es ist notwendig, strikte Regeln für den Umgang mit dem Smartphone festzulegen. Vor dem erstmaligen Gebrauch. Darum mein Tipp an Eltern, als Diplomsozial- und Gewaltpädagoge, aber auch einfach nur als Vater:

Zögern Sie die Erlaubnis für
das Handy hinaus, solange es nur
irgendwie geht.

Aus der Praxis

Bei Mateo, meinem jüngsten Sohn, gelang es meiner Frau und mir, den Besitz eines Handys bis in die Neue Mittelschule hinein zu verschleppen. In Zeiten wie diesen fast schon ein kleines Wunder. Mitte des ersten Schuljahres kam Mateo eines Tages nachhause, sagte: »Papa, es sind noch genau zwei Schüler in unserer Klasse, die kein Smartphone besitzen. Du willst hoffentlich nicht, dass ich der Letzte bin.«

Damit hatte er mich geknackt. Ich ließ mich erweichen. Wir marschierten los und kauften sein erstes Handy. Je länger ich über seine Worte nachdachte, desto mehr wurde mir bewusst, unter welch sozialem Druck er gestanden haben musste. In seinem Alter, mit zehn, noch kein Smartphone sein eigen zu nennen und somit auch nicht über WhatsApp kommunizieren zu können, bedeutet:

Du bist nicht dabei.

Das war er bis dahin tatsächlich nicht. Mangels Handy war er eben in keiner der vielen WhatsApp-Gruppen seiner Klassenkameraden dabei. Und natürlich auch nicht in jener der Jugendfeuerwehr. Er stand nicht nur im Eck, nein, er war obendrein von vielerlei Information ausgeschlossen.

Das Phänomen FOMO

Die Angst junger, sich in der Entwicklung befindlicher Menschen, etwas zu verpassen, wie auch die Sorge, andere könnten beliebter und aktiver sein als man selbst, ist allgegenwärtig. Der Psychologe Andrew K. Przybylski von der englischen University of Essex gab diesem Phänomen einen Namen:

FOMO. Die Abkürzung steht für *fear of missing out.*

Przybylskis Untersuchungen ergaben, dass vor allem junge Männer diesbezüglich sehr anfällig sind. Bei ihnen ist die Befürchtung, nicht an wichtige Informationen zu gelangen und die tollsten Erlebnisse zu versäumen, besonders stark ausgeprägt. Je jünger, desto schlimmer das Gefühl, nicht dazuzugehören.

Worum es dabei geht?

Unter anderem auch um Autonomie. Je intensiver das Phänomen FOMO auftritt, desto mehr haben Jugendliche das Bedürfnis, sich auf Facebook einzuloggen. Insbesondere noch knapp vor dem Zubettgehen. Und unmittelbar nach dem Aufstehen. Weil sie wissen »müssen«, was gerade so abgeht.

Am FOMO-Phänomen Leidende nutzen deshalb das Smartphone nicht zwangsläufig länger als andere. Dafür ecken sie viel öfter in der analogen, nicht-virtuellen Kommunikationswelt an, weil sie für das Smartphone bedeutend mehr Aufmerksamkeit aufbringen als für ihr Gegenüber, mit dem sie sich gerade unterhalten.

Aus der Praxis

Wieder von meinem Sohn Mateo. Beim Kauf seines ersten Handys haben wir diverse Regeln vereinbart. Bei Bruch einer dieser Regeln stand folgende Konsequenz im Raum: Entzug des Gerätes auf bestimmte Zeit.

Das in der Praxis auch umzusetzen, ist – Sie können es sich bestimmt lebhaft vorstellen – alles andere als einfach. Härtester Elternalltag. Doch so schwer es sein mag, so wichtig ist es. Als Eltern dürfen wir nicht müde werden, die Einhaltung solcher Vereinbarungen einzufordern und auch gegebenenfalls zu handeln.

Folgende drei Regeln haben Mateo und ich vereinbart:

1. Bis zur Beendigung seines 13. Lebensjahres darf ich den Handyinhalt bei Bedarf kontrollieren. Meinem Sohn genügte das Wissen allein, dass ich könnte, wenn es denn sein müsste. Bestimmt schreit der eine oder andere Pädagoge genau hier auf. Dennoch bin ich, in Abwandlung der drei klassischen Steigerungsstufen, die wir aus der Sprache kennen, überzeugt: Vertrauen ist gut. Kontrolle ist besser. Kommunikation ist am besten.

Das bedeutet: Will ich mein Kind so weit bringen, Werte und Normen zu respektieren, die mir wichtig sind, muss ich sie ihm auch entsprechend mitteilen. Kommunikation eben. Dass ich als Erziehungsberechtigter neben der moralischen auch noch eine juristi-

sche Verantwortung (Haftung mit Privatvermögen et cetera) habe, versteht sich wohl von selbst.
Wichtig auch: Ab 14 Jahren sind Jugendliche bekanntlich strafmündig. Für Mateo hat das bedeutet: Du darfst ab diesem Zeitpunkt eigenständig den PIN deines Handys ändern. Damit übertrage ich dir die alleinige Verantwortung für dein Handeln.

2. Ab 19 Uhr liegt das Handy in der Küche auf dem Handyparkplatz. Mit der logischen Konsequenz: Nachts darf das Telefon nicht im Schlafraum sein (aus Prinzip, ganz abgesehen davon, dass etwaige Klingeltöne den wichtigen Schlaf meines Kindes stören würden).

3. Bei Missbrauch des Handys als Tatwerkzeug ist es auf längere Zeit weg. Tatwerkzeug bedeutet zum Beispiel: Teilnahme an Cybermobbing und Ähnlichem.

Tipp
Wenn das Gerät kurzzeitig nicht verfügbar ist oder womöglich die WLAN-Verbindung aus »heiterem Himmel« gerade nicht funktioniert, kann das als Stütze in Sachen Erziehung manchmal echte Wunder bewirken.

DAS SMARTPHONE
IN DER SCHULE

Wird es angesichts der ewigen Streitsucht in der heimischen Politik jemals so etwas wie Einigkeit geben? Und zwar dann, wenn es um unsere Kinder geht? Zum Beispiel um bundesweite Regelungen in Sachen Smartphone und Schule?

Die Antwort steht in den Sternen. Sehr irdisch hingegen sind die Probleme, die das Thema Handy und Unterricht Tag für Tag aufwerfen. Was gar nicht geht, ist das: wegschweigen.

Teil meines Arbeitsalltages ist es auch, von Schulen kontaktiert zu werden. Dies geschieht besonders häufig dann, wenn es zu Missbrauch mit Mobiltelefonen gekommen und guter Rat teuer ist. Nicht, dass ich mich dazu aufschwingen möchte, generell darüber zu urteilen, wie gut oder schlecht Mobiltelefone sind. Das ist weder meine Berufung noch meine Aufgabe. Worin ich allerdings, als Polizist und auch Vater, sehr wohl meine Aufgabe sehe, ist, der Problematik ein Gesicht zu geben. Und bestmöglich zu informieren.

Vor ziemlich genau 20 Jahren wurde das Problem von Mobiltelefonen in Schulen virulent. So kam es auch in meinem Heimatbundesland Oberösterreich zu einem sogenannten Handyerlass[2]. Heute weht ein gänzlich ande-

---

2   Heutige Situation: https://www.lsr-ooe.gv.at/fileadmin/erlasssamm-lung/2017/A3-1051-2017.pdf

rer Wind. Weil die Schulen selbst längst mit einer Vielzahl elektronischer Geräte im Unterricht arbeiten. Ein generelles Handyverbot kann also nicht die Lösung sein. Außerdem widerspräche es geltendem Recht. Werfen wir dazu einen Blick in den Paragraphendschungel.

Handyverbot – Was sagt das Gesetz?

Gemäß § 4 Abs. 4 der Verordnung des Bundesministers für Unterricht und Kunst vom 24. Juni 1974 betreffend die Schulordnung, BGBl. Nr. 373/1974 idgF., dürfen Gegenstände, die die Sicherheit gefährden oder den Schulbetrieb stören, von Schülerinnen und Schülern nicht mitgebracht werden. Derartige Gegenstände sind dem Lehrer auf Verlangen zu übergeben. Abgenommene Gegenstände sind nach Beendigung des Unterrichtes beziehungsweise der Schulveranstaltung oder der schulbezogenen Veranstaltung dem Schüler zurückzugeben, sofern es sich nicht um sicherheitsgefährdende Gegenstände handelt. Sicherheitsgefährdende Gegenstände dürfen nur dem Erziehungsberechtigten – sofern der Schüler eigenberechtigt ist, diesem – ausgefolgt werden, wenn deren Besitz nicht sonstigen Rechtsvorschriften widerspricht.

Was bedeutet das im Klartext? Für die Praxis? Wie sieht es aus mit Hausordnungen in Schulen?

Hausordnung – Was sagt das Gesetz?

Gemäß § 44 Abs. 1 des Bundesgesetzes über die Ordnung von Unterricht und Erziehung in den im Schulorganisationsgesetz geregelten Schulen (Schulunterrichtsgesetz – SchUG), BGBl. Nr. 472/1986 idgF., kann der Schulgemeinschaftsausschuss, soweit es besondere Verhältnisse erfordern, eine Hausordnung erlassen. In der Hausordnung können je nach Aufgabe der Schule (Schulart, Schulform), dem Alter der Schülerinnen und Schüler sowie nach den sonstigen Voraussetzungen am Standort (Zusammensetzung der Klasse, schulautonome Profilbildung, Beteiligung an Projekten beziehugsweise Schulpartnerschaften, regionale Gegebenheiten) schuleigene Verhaltensvereinbarungen für Schülerinnen und Schüler, Lehrerinnen und Lehrer und Erziehungsberechtigte als Schulgemeinschaft und Maßnahmen zur Förderung der Schulqualität festgelegt werden, wobei das Einvernehmen aller Schulpartner anzustreben ist.

Die Kernaussagen sind rasch zusammengefasst:

☞ Nein, es gibt kein generelles Verbot von Handys und anderen elektronischen Geräten an den Schulen. Das ist keine Option. Nicht juristisch, und pädagogisch in Wirklichkeit ebenso wenig. Immerhin kann der Einsatz von Mobiltelefonen im Unterricht durchaus sinnvoll sein.

☞ Ja, jede Schule (Schulgemeinschaftsausschuss) kann eigene Regeln aufstellen, Hausordnungen erlassen, worin das Verhalten festgelegt wird. Natürlich müssen dabei geltende Gesetze eingehalten werden.

Nutzung einschränken? Wenn ja, wie weit?

Die neun Landesschulräte in Österreich, aber auch die 16 Bundesländer in Deutschland, sind sich da weitgehend einig: kein generelles Handyverbot, jedoch mit regional sehr unterschiedlichen Auslegungen im Detail. Dass die Geräte im Unterricht ausgeschaltet sein müssen, ist gängige Praxis. Wo sie verwahrt werden müssen (zum Beispiel im Spind), ist Ermessenssache der Schulen. Auch gibt es die unterschiedlichsten handyfreien Zonen. Sie erfüllen unterschiedliche Zwecke. Zum einen als Schutzmaßnahme für die Jugendlichen, um allfälliges Suchtverhalten einzudämmen. Oder auch, um die gute, alte, persönliche Kommunikation zu fördern. Ob, wo und in welchem Ausmaß solche Regeln eingeführt werden, bleibt den Schulen selbst überlassen.

Allgemein gilt: Ein generelles Handyverbot ist rein rechtlich nicht machbar, eingeschränkte Nutzung jedoch sehr wohl. Wie pädagogisch sinnvoller, angemessener und im Schulbetrieb verträglicher Umgang mit Handy und Co. zu handhaben sind, liegt letzten Endes in den Händen von Direktion und Lehrpersonal. Wichtig ist dabei immer, das Bewusstsein der Jugend zu schärfen. Vor allem auch, wenn es um so heikle Bereiche wie Datenschutz, Mobbing und Gesundheit geht.

Gar nicht sinnvoll – auch darin herrscht weitestgehend Einigkeit – wäre ein generelles Handyverbot etwa bei schuleigenen oder schulbezogenen Veranstaltungen (von der Wintersportwoche bis zur Teilnahme an Wettbewerben). Beim Einsammeln der Geräte (zum Beispiel nachts) sieht es anders aus. Wichtig dabei immer auch: Notfalls, bei Beschädigung durch Lehrkräfte zum Beispiel, kann es Schadenersatzansprüche geben, die über die Finanzprokuratur abzuwickeln sind. Auch der Umgang mit derartigen Situationen sollte schulintern und im Vorfeld von Veranstaltungen geregelt sein.

Störsender gegen Prüfungs-Schummler?

Und bei der Matura? Bei Diplomprüfungen? Anderen Klausuren? Dürfen Schulen zu High-Tech-Abwehrmaßnahmen greifen und Störsender installieren, die den Einsatz von Schummel-Software gar nicht erst ermöglichen?

Störsender – Was sagt das Gesetz?

Für Reife- und Diplomprüfungen an Allgemeinbildenden Höheren Schulen (AHS), Berufsbildenden Mittleren und Höheren Schulen (BMHS) etc. gilt: Laut den neu erlassenen Prüfungsordnungen obliegt es der Schulleitung, notwendige Vorkehrungen zur ordnungsgemäßen Durchführung der Klausurarbeiten zu treffen, sprich: diverse Maßnahmen gegen den Einsatz unerlaubter Hilfsmittel (Kontrolle der Wörterbücher & Formelsammlungen etc.).

Aber: Der Einsatz von Störsendern, um den unerlaubten Einsatz von Handy und Co. zu vereiteln, ist strikt untersagt. Das

hat weder mit Landes- oder Bundesschulgesetzen zu tun. Hier
kommt ein anderes Regelwerk zum Greifen:
Das Telekommunikationsgesetz.

Wer es genau wissen will – hier die Quellen:
Darüber hinaus bleibt § 1 Abs. 4 der Leistungsbeurteilungsver-
ordnung, BGBl. 371/1974 idgF., betreffend dem Verbot der Ver-
wendung unerlaubter Hilfsmittel bei der Leistungsfeststel-
lung im Rahmen des Unterrichts unberührt. Und: Der Erlass
»Benützungsverbot von Handys im Unterricht« A3-105/198
vom 12.10.1998, sowie der Erlass »Gegenstände, die die Sicher-
heit gefährden oder den Unterricht stören (zum Beispiel Han-
dys)« A3-33/2-1998 vom 30.01.1998 treten hiermit außer Kraft.

Aus der Praxis

Begeben wir uns nach Wien. In eine jener Schulen, die
sich ein Zertifikat als sogenannte Medienfreundliche
Schule (IKT/ECDL)[3] erarbeitet hat.

Was zieht dieses Zertifikat nach sich?

Es bedeutet unter anderem, dass es im Unterricht keine klare Regelung darüber gibt, wie mit Smartphones
umgegangen wird. Was in der betreffenden Schule lo-
gischerweise zur Folge hatte, dass in den Klassen alle
ihr Handy zwar auf Lautlos gestellt, aber stets bei sich
hatten.

Was geschah?

---

3   IKT: Informations- und Kommunikationstechnologie
    ECDL: European Computer Driving Licence

Immer wieder wurden heimlich Fotos und Videos von Lehrkräften gemacht, bearbeitet, geteilt und ins Netz gestellt. Heftigste Cybermobbing-Attacken gegen die Lehrkräfte folgten.

Als ich davon erfuhr, war ich sehr erstaunt. Es gab tatsächlich Schulen ohne Handy-Regelungen. Wie blauäugig kann man sein, davon auszugehen, dass die Jugendlichen durchwegs die Reife besitzen, kein Schindluder mit dem Smartphone zu treiben? Dass sie genau wissen, was sie dürfen und was nicht, und sich auch daran halten?

Wie bedenklich, ja, gefährlich Handys in der Schule sein können, zeigen folgende zwei Beispiele, mit denen ich persönlich konfrontiert wurde – alle beide aus Schulen mit eher schwammigen Regelungen in punkto Mobiltelefon:

Beispiel Nummer 1: Eine alltägliche Szene in einer Neuen Mittelschule in Oberösterreich: Zwei Buben geraten in der Pause in Streit. Heftige Wortwechsel. Rempeleien. Dann beginnt der Unterricht wieder. Der eine zückt das Handy, wartet auf den passenden Moment. Als sein Kontrahent von vorhin in der Nase bohrt, drückt er den Auslöser. Das Foto steht Sekunden später in der WhatsApp-Gruppe. Selbst wenn er wollte, kann er nun den Lauf der Dinge nicht mehr beeinflussen. Der Nasenbohrer wurde massiv gemobbt. Ein geradezu klassisches Beispiel dafür, wie Handys zu Tatwerkzeugen werden.

Beispiel Nummer 2: Ein Gymnasium in Tirol. Auch hier eine Alltagsszene: Der elfjährige Kevin geht auf die Toilette. Große Notdurft. Kevin ist nicht überaus beliebt im Klassenverband, eher der Außenseitertyp. Zwei Mitschüler schleichen unbemerkt in die Nebenkabine, filmen über die Klowand hinweg. Auch sie teilen ihre Trophäe augenblicklich über WhatsApp. Auch hier ist Geschehenes nicht mehr rückgängig zu machen. Auch Kevin wurde aufs Übelste gemobbt. Allerdings hatte er noch Glück im Unglück, denn aufgrund sofortiger Intervention durch alarmierte Erwachsene konnte verhindert werden, dass der Film die WhatsApp-Gruppe verließ und in der ganzen Schule reihum ging.

Natürlich ist die Frage berechtigt: Hätte ein Handyverbot oder eine anderweitige, jedenfalls klare Regelung diese beiden Mobbingattacken verhindert? Nicht zwingend. Doch das Risiko wäre bestimmt minimiert gewesen – allein schon, weil klare Regeln in den Köpfen der Kinder präsent sind, sie bei Verstoß jederzeit mit Konsequenzen (Handyentzug et cetera) rechnen müssen und das auch ganz genau wissen.

Tipp

Der Umgang mit dem Smartphone mag von früh auf gelernt sein. Bringen Sie Ihren Kindern das Recht auf das eigene Bild näher. Natürlich mit kindgerechten

Worten. Doch es muss ihnen klar sein, was das Urhebergesetz im Wesentlichen sagt, nämlich: Es gibt Situationen, wo Fotos (samt Begleittext) nicht veröffentlicht werden dürfen. Das Gesetz spricht hier von »berechtigten Interessen«, die es zu schützen gilt.

Im Allgemeinen gilt dabei: Aufnahmen an öffentlichen Plätzen sind üblicherweise unbedenklich und können auch nicht ohne weiteres untersagt werden. Aber: Sobald der Abgebildete nachteilig abgebildet ist (zum Beispiel Oben-ohne-Fotos am Strand), ist das Foto in jedem Fall schützenswert, darf also keinesfalls veröffentlicht werden.

Das Recht aufs eigene Bild betrifft immer nur die ungewollte Veröffentlichung eines Fotos, nicht das Fotografieren an sich.[4]

Im privaten Bereich setzt der Schutz des eigenen Bildes sehr viel früher ein. Das gilt zum Beispiel auch für private Veranstaltungen (Partys bei Freunden et cetera). Öffentlich gemachte Fotos dürfen die Abgebildeten auf keinen Fall wie auch immer bloßstellen oder herabsetzen. Ein persönliches Empfinden von Bloßstellung – nur weil der Fotograf nicht die eigene Schokoladenseite getroffen hat, weil man sich hässlich findet – reicht hingegen nicht aus. Die Bloßstellung muss möglichst objektiv nachvollziehbar sein (runtergelassene Hose im

---

4   Quelle: https://www.saferinternet.at/urheberrechte/ 21.02.2018

Vollrausch et cetera). Außerdem muss der Betreffende klar erkennbar sein. Ein Bild vom Hinterkopf wird also kaum ausreichen, um dagegen vorzugehen.

Tipp

Fragen Sie abgebildete Personen immer um Erlaubnis vor einer Veröffentlichung! Für die Schulen heißt das: Am Beginn eines Schuljahres sollte am besten von den Eltern eine allgemeine Zustimmung dafür eingeholt werden, dass ihre Kinder zum Beispiel im Rahmen des Unterrichts oder bei Schulveranstaltungen fotografiert und die Bilder etwa auf die schuleigene Homepage gestellt werden dürfen.

Achtung: Die Erlaubnis kann auch stillschweigend erteilt werden, und zwar dann, wenn sich jemand offensichtlich bewusst fotografieren lässt. Dabei gilt jedoch: Die Veröffentlichung darf nur »im üblichen Rahmen« stattfinden, wie zum Beispiel auf der Website des Veranstalters et cetera. Auf anderen Plattformen, die nichts damit zu tun haben, dürfen sie nicht veröffentlicht werden.

School-Shooting:
Handy als Todesfalle

Besonders dramatische Folgen, ohne gleich den Teufel an die Wand malen zu wollen, haben Smartphones in Schulen bereits nach sich gezogen, wenn es (vor allem aus den USA bekannt) zu sogenannten School-Shootings kam. Sie werden fälschlicherweise immer wieder als Amokläufe bezeichnet, haben jedoch mit Amok nichts zu tun. Das Wort steht nämlich für einen »plötzlichen und blindwütigen Angriff«. Was bei dem typischerweise sorgsam geplanten Amoklauf nicht der Fall ist.

Warum sind Handys in solchen Extremsituationen eine Gefahr? Dienen sie nicht im Gegenteil der Sicherheit?

Die Erfahrung hat gezeigt: In derartigen Krisensituationen herrscht nach einer ersten Angriffswelle des Täters gespenstische Stille im Schulgebäude. Schüler und Lehrer suchen nach Verstecken, verbarrikadieren sich, verhalten sich mucksmäuschenstill, um nicht gefunden zu werden. Auch leise Geräusche, wie etwa das Vibrieren eines auf Lautlos gestellten Handys, haben dazu geführt, dass Menschen gefunden und erschossen worden sind. Also gilt für solche Fälle die klare Empfehlung: Alle Handys ausschalten und nicht bloß auf Lautlos stellen.

WENN DAS HANDY ZUR
SPIELKONSOLE WIRD

*Gewaltverherrlichende Spiele gibt es auch fürs Handy zuhauf
und gratis. Das kann für alle Beteiligten empfindliche Folgen
haben. Wie Jung und Alt gemeinsam zu einem sinnvollen Umgang mit dem Handy finden – eine Schule zeigt es vor.*

Man möchte meinen, alle wüssten das längst – doch die
Praxis zeigt mir immer wieder: Das Gegenteil ist der Fall.
Immer noch ist vielen Eltern nicht bewusst, wie bedenk-
lich manche Spiele sind, die es als freie Downloads für
Mobiltelefone gibt. Eines davon ist dieses:
Whack your teacher 18+. Schlag deinen Lehrer also. Geben
Sie den Titel einfach auf Google ein. Und schon sind Sie da-
bei. Box10.com heißt der Hersteller, der das etwas andere
Spiel anbietet. Kostenlos, versteht sich. Einziges Ziel: die
Lehrer ermorden. Eine durch und durch gewalttätige Sache
also, die im Mantel eines Zeichentrickspiels daherkommt.

Gewaltspiele – Was sagt das Gesetz?
*Ob als Elternteil, Erzieher oder Lehrer – hier gelten natürlich
die Jugendschutzgesetze der jeweiligen Bundesländer, worin
es übereinstimmend heißt:*
*Die Aufsichtspersonen haben dafür zu sorgen, dass die ihrer
Aufsicht unterstehenden Jugendlichen die Jugendschutzbe-
stimmungen einhalten. Die Erziehungsberechtigten haben bei*

der Übertragung der Aufsicht sorgfältig und verantwortungs-
bewusst vorzugehen.
Erwachsene dürfen Jugendlichen die Übertretung der Jugend-
schutzbestimmungen nicht ermöglichen oder erleichtern. Sie
haben sich so zu verhalten, dass Jugendliche in ihrer körper-
lichen, geistigen, sittlichen, seelischen und sozialen Entwick-
lung nicht geschädigt werden. Sie haben dafür Sorge zu tragen,
dass den in ihrem Einflussbereich befindlichen Jugendlichen
keine jugendgefährdenden Informationen, Unterhaltungen,
Darbietungen oder Darstellungen, insbesondere über elektro-
nische Medien zugänglich werden.

Doch worum handelt es sich im Konkreten bei Medien
oder Datenträgern, Gegenständen oder Dienstleistungen, die unserer Jugend gefährlich werden können? Dazu
weiter im Gesetzestext:

1. *Inhalte von Medien im Sinn des § 1 Abs. 1 Z1 des Medien-*
   gesetzes und Datenträgern sowie Gegenstände und Dienst-
   leistungen, die Jugendliche in ihrer Entwicklung gefährden
   könne, dürfen diesen nicht angeboten, vorgeführt, an dies
   weitergegeben oder sonst zugänglich gemacht werden. Eine
   Gefährdung ist insbesondere anzunehmen, wenn sie:
2. *kriminelle Handlungen von menschenverachtender Brutali-*
   tät oder Gewaltdarstellungen verherrlichen oder
3. *Menschen aus Gründen der ethnischen Zugehörigkeit, der*
   Religion, der Weltanschauung, einer Behinderung, des Al-
   ters, der sexuellen Orientierung oder des Geschlechts diskri-
   minieren oder

4. *pornographische Darstellungen beinhalten.*

Ein glasklarer Fall, was *Whack your teacher 18+* angeht.
Menschenverachtender und Gewalt blind verherrlichen-
der kann ein Spiel kaum sein. Glasklar sagt der Gesetzge-
ber auch, was im Falle des Falles – also bei Missachtung
– zu tun beziehungsweise mit welchen Konsequenzen zu
rechnen ist. Es handelt sich dabei um Verwaltungsüber-
tretungen mit Folgen nicht bloß für Erwachsene, die sie
zulassen, sondern auch für strafmündige Jugendliche
(ab 14 Jahren also)[5]:

Strafbestimmungen für Erwachsene: Geldstrafen bis zu 7.000
Euro. Bei Uneinbringlichkeit Ersatzfreiheitsstrafen bis
zu sechs Wochen Gefängnis.

Strafbestimmungen für Jugendliche: Sozialstunden oder auch
Geldstrafen bis zu 300 Euro.

Natürlich macht man sich in den Schulen genau darüber
bereits seit Jahren Gedanken. Viele der Lösungsansätze,
auf die ich bisher gestoßen bin, machen durchaus Sinn.
Keinen Sinn würde mit Sicherheit ein generelles Handyverbot an Schulen machen – ganz abgesehen davon, dass
dies gesetzlich gar nicht halten würde (wir haben davon
gehört).

---

5 http://www.ris.bka.gv.at/GeltendeFassung.wxe?Abfrage=LrOO &Gesetzes-
   nummer=20000130

Was bleibt also als probates Mittel?

Die Schulordnung. Wichtig ist hierbei: Jeder Schüler, jeder Elternteil muss darüber Bescheid wissen. Und auch: Ihre Einhaltung muss vom gesamten Lehrkörper ausnahmslos eingefordert werden. Andernfalls trägt so eine Regelung keine Früchte. Ein leuchtendes Beispiel dafür, wie es funktionieren kann, durfte ich im Innviertel kennenlernen:

Aus der Praxis

Dort wurde im Werkunterricht ein Handysafe gebaut. Ein Kasten, der im Prinzip aussieht wie das mehrreihige Schlüsselbrett eines Hotelportiers. Mit durchnummerierten Stellplätzen pro Handy. Installiert wurde der Handysafe im Klassenzimmer. Gleich neben der Tür.

Dazu schriftlich festgehalten und von jedem Schüler unterschrieben eine Vereinbarung, die das Verhalten rund um das Smartphone regelt. Die besagt mitunter: Vor Unterrichtsbeginn steckt jeder sein zuvor ausgeschaltetes Gerät in den Safe. Alle im Raum, ob Lehrer, ob Schüler, können mit einem Blick überprüfen, ob Anzahl der Handys und Anzahl der Anwesenden übereinstimmen. Der Unterricht kann beginnen. Wird das Smartphone dafür benötigt, ist es auf Aufforderung rasch zur Hand. Zum Beispiel bei Teamarbeiten, um im Internet zu recherchieren.

Natürlich könnten Sie als findige Leser nun anmerken: Was ist, wenn jemand bloß einen Dummy in den Handysafe steckt? Oder ein Altgerät, das eigentlich längst in der Ö3-Wundertüte hätte landen sollen? Solche Fälle gab es laut Schulleitung auch. Allerdings vereinzelt. Und nur zu Beginn der Aktion. Wie auch, dass ein Handy nicht ausgeschaltet war und plötzlich zu klingeln begann. Für diese Eventualitäten gab es ebenfalls eine Vereinbarung im Rahmen dieses mit »Die handyfreundliche Schule« übertitelten Vertrages:

»Bei Verstoß gegen den Schüler-Lehrer-Vertrag
(Dummy oder Läuten) muss der/die Betreffende am
Folgetag Kuchen für alle mitbringen.«

Anfangs, wurde mir versichert, war der Kuchenverzehr noch einigermaßen rege, doch schon bald pendelte sich das Maß auf zweimal im Jahr ein. Gerade so oft, dass die Leckerbissen für alle eine willkommene, süße Abwechslung waren.

Übrigens: Rein rechtlich ist diese Vereinbarung ebenfalls auf der sicheren Seite. Sie erfolgte von allen Seiten freiwillig und im Rahmen der Hausordnung.

DAS PHÄNOMEN SEXTING

*Ein Nacktbild für den liebsten Menschen auf der Welt – was
ist schon dabei? Er oder sie kennt mich ohnedies nackt? Wenn
die Liebe zerbricht, folgt oftmals das bitterböse Erwachen.
Weil wir viel zu sorglos mit Bildern unserer selbst umgehen.*

Haben Sie diesen Begriff zuvor schon einmal gehört?
Natürlich, das Wort legt gleich einmal nahe, womit
es zu tun hat. Per Definition handelt es sich bei Sexting
nämlich darum:

*Private Kommunikation über sexuelle
Themen per Mobile-Messaging.*

Das klingt noch einigermaßen harmlos. Es könnten ja
die rein privaten Angelegenheiten zweier erwachsener,
eng vertrauter Menschen sein.

Im engeren Sinne heißt Sexting »Dirtytalk« zur ge-
genseitigen Erregung.

Das trifft es immer noch lange nicht, denn die Wahrheit ist: Sexting ist ein Phänomen, dessen Folgen sehr viel
weitreichender sind, als die meisten annehmen würden.

Saferinternet Österreich, eine von der EU geförderte Initi-
ative für den sicheren, kompetenten und verantwortungsvollen Umgang mit digitalen Medien, hat dazu eine Studie
gemacht. Fünfhundert Jugendliche im Alter von 14 bis 18
Jahren wurden mit diesen Fragen konfrontiert:

»Kennst du jemanden, der Nacktaufnahmen von sich an andere verschickt hat?«
Jeder Zweite (51 Prozent) sagte: Ja.

»Hast du selbst schon Nacktaufnahmen geschickt bekommen?«
Jeder Dritte (31 Prozent) sagte: Ja.

»Hast du selbst schon Nacktaufnahmen von dir gemacht?«
Jeder Sechste (16 Prozent) sagte: Ja.

Bei den Burschen war überhaupt fast jeder Vierte (23 Prozent) der Meinung, dass Nacktfotos zum Flirten dazugehörten. Die Mädchen übten sich da in viel größerer Zurückhaltung – nur drei Prozent sahen das so. Innerhalb einer Beziehung jedoch – wenn man sich vertraut – waren bei den Mädchen ein Drittel (34 Prozent) und bei den Burschen fast die Hälfte (43 Prozent) der Meinung, dass das schon in Ordnung wäre.

Aus der Praxis

Anna ist 15 Jahre alt und sehr verliebt. Ihr Freund Konstantin ist zwei Jahre älter. Sie sind seit ein paar Monaten fix zusammen, wie es so schön heißt. Sie lieben einander über alles.

Als Konstantin für einige Zeit beruflich – er ist Lehrling – ins Ausland muss, reißt die Kommunikation natürlich nicht ab. Über WhatsApp wird heiß geflirtet. Und nicht nur das. Es kommt zwischen den beiden zum Dirtytalk.

Anna lässt sich nach anfänglichem Zögern von Konstantin überreden, Nacktbilder von sich an ihn zu schicken. In sehr verfänglicher Pose. Sie zeigt sich mit gespreizten Beinen. Sowohl Geschlechtsbereich als auch Brüste des Mädchens sind klar zu erkennen. Auch Annas Gesicht ist gut zu sehen.

Monate später kommt es, wie es eben bei so jungen Liebenden meist kommt: Die Beziehung geht in die Brüche. Anna lernt sehr rasch einen anderen Burschen kennen und verliebt sich nun Hals über Kopf in ihn. Konstantin kommt damit so gar nicht klar. Was tut er?

Grenzenlos enttäuscht, aber auch wütend vor Eifersucht, eröffnet er auf Facebook ein Fake-Profil. Mit dem richtigen Namen seiner Ex-Freundin Anna. Doch damit nicht genug. Als Profil-Bild stellt er Annas Nacktfoto ins Netz. In kürzester Zeit trudeln jede Menge Likes ein. Dazu natürlich entsprechende Kommentare. Bis Anna davon Wind bekommt, vergehen einige Tage.

Sexting – Was sagt das Gesetz?

In vielen Ländern ist die Gesetzeslage eindeutig: In Österreich beispielsweise handelt es sich hierbei um den Straftatbestand der pornografischen Darstellung Minderjähriger nach § 2071 StGB (Strafgesetzbuch), im landläufigen Sprachgebrauch also darum: Kinderpornografie.

In diesem Fall war es verhältnismäßig einfach, den Täter dafür zur Verantwortung zu ziehen und auch dafür zu sorgen, dass das Fake-Profil aus dem Netz genommen wurde. Völlig unklar blieb jedoch, wie viele User sich das Bild in der Zwischenzeit womöglich heruntergeladen hatten (womit sie sie ebenfalls strafbar gemacht hätten) und wofür sie dieses Bild dann verwendeten.

Aber was tun, wenn man nicht weiß, wer der Täter ist?

Aus der Praxis

Mit diesem Fall wurde ich selbst konfrontiert. Ein erst 14 Jahre altes Mädchen aus der Steiermark war das Opfer. Bis über beide Ohren in einen Schulkollegen verknallt und blind vor jugendlicher Verliebtheit, ließ sie sich von ihm überreden, Gegenstände in ihre Vagina einzuführen – und sich dabei auch noch zu filmen.

Dann schickte sie dem Angebeteten das Video. Mit fatalen Folgen.

Der Schulkollege sandte das Video via WhatsApp seinem besten Freund. Der wiederum an eine Klassenkollegin der 14-Jährigen. Blitzartig war das Video im gesamten Klassenverband bekannt, letzten Endes sogar in der gesamten Schule. Der einzige, jedoch schwache Trost für das am Boden zerstörte Mädchen: Es war auf dem Video nicht erkennbar. Doch die Gerüchte, um wen es sich handelte, hielten sich natürlich hartnäckig.

Die verzweifelte Mutter der Schülerin rief mich an.

»Was soll ich tun?«

»Anzeigen. Und zwar sofort.«

So geschah es dann auch. Zusätzlich startete die Direktion eine Aufklärungskampagne für alle Schülerinnen und Schüler. Immerhin handelte es sich vor dem Gesetz genau darum: *Kinderpornografie.*

Tipp

In so einem Fall ist schnellstmöglich so vorzugehen: Alle Daten per Bildschirmfoto – genannt Screenshot – sichern und so schnell wie möglich die Löschung betreiben.

Natürlich gibt es bei nahezu allen Portalen die (wenigstens theoretische) Möglichkeit, Fotos und andere verfängliche Dateien über den Betreiber des Portals löschen zu lassen. Doch wer das beispielsweise schon einmal bei Facebook probiert hat, weiß, wie lange das dauern kann. Nervenzerreibende Stunden, oft aber auch Tage vergehen. Für die Betroffenen ganze Ewigkeiten.

Doch es gibt auch eine raschere, bessere Lösung: Nach dem Speichern (Screenshot) und Ausdrucken der Daten sollten Sie so vorgehen: Kopieren Sie die URL-Adresse, zum Beispiel den Weblink eines Fake-Profils. Öffnen Sie nun (das gilt für Österreich) diesen Link: *www.ombudsmann.at*

Jetzt senden Sie über das Anfragefeld den Link an den Internet-Ombudsmann. Ersuchen Sie ihn, sofort beim

Löschen des Fake-Profils oder der Fotos, um die es geht, zu helfen. Das Team um den Internet-Ombudsmann Bernhard Jungwirth (in Deutschland und anderen Ländern gibt es ähnliche Einrichtungen, oft auch Schlichtungsstelle genannt).

Jungwirth und sein Team sind mit allen gängigen Portalbetreibern gut vernetzt. So kann die Löschung gleichsam auf kurzem Wege vorangetrieben werden. Außerdem sollten sie unbedingt die Polizei einschalten. Nur so kommen auch rasch Ermittlungen in Gang. Nur so können Täter ausgeforscht, weitere ähnliche Straftaten verhindert und Datenträger beschlagnahmt werden.

Wie sensibilisiere ich mein Kind?

Klar, schon das Anfertigen von Nacktbildern ist höchst problematisch, und das Verschicken übers Netz ein No-Go. Dennoch reizt es Jugendliche, genau solche Bilder zu machen, immer wieder enorm.

Was tun? Wie vorbeugen?

Aus meiner Erfahrung weiß ich:

Es macht immer Sinn, Jugendliche mit Sexting zu konfrontieren.

Sei es in Gesprächen, sei es auch in konkreten Übungen. Wenn sie schon glauben, unbedingt Nacktfotos von sich

machen zu müssen, so sollten sie unbedingt genau darüber Bescheid wissen, wie diese Bilder bearbeitet werden
können. Und zwar so, dass sie keinesfalls zu erkennen sind.

Generell gilt natürlich: Nacktaufnahmen sollten sofort wieder gelöscht werden, nachdem sie zum Beispiel
dem Freund, der Freundin gezeigt wurden. Prinzipiell
fallen so gut wie alle Nacktbilder Minderjähriger unter
den sogenannten Kinderpornografie-Paragrafen 207 a
StGB[6]. Ausnahmen gibt es da nur ganz wenige. Und:

*Niemals Nacktbilder von sich verschicken! Egal, wie groß die
Liebe sein mag!*

Snapchat – inzwischen auch vielen Erwachsenen bekannt – ist bei Jugendlichen eine besonders beliebte Ap-
plikation, um Nacktbilder zu versenden. Das System bei
Snapchat gibt bekanntlich vor, dass Aufnahmen vom
Empfänger nur für einige Sekunden (in der Regel zehn)
angesehen werden können (+ 1 sofortige Wiederholung).
Doch was, wenn der Empfänger einen Screenshot davon macht?

Zwar bekommt der Absender darüber eine Information, doch das ändert nichts daran, dass das Bild unterwegs und anderswo gespeichert ist. Ob dieses Bild nun
vom Empfänger wieder gelöscht wird oder nicht, ist außerhalb des eigenen Einflussbereichs. Außerdem müssen die Jugendlichen sich darüber im Klaren werden,

---

6 https://www.jusline.at/gesetz/stgb/paragraf/207a

dass Snapchat-Bilder (auch ohne Screenshot) niemals gänzlich verschwunden, sondern bloß fürs Auge der 0815-User versteckt sind. Findige Hacker hingegen können sich durchaus Zugriff verschaffen[7].

Tipp

Sprechen Sie das Thema Ihren Kindern gegenüber an. Reden Sie darüber, welche Bilder unpassend und welche passend sind. Snapchat beispielsweise ist ideal, um lustige Bilder mit verzerrten Gesichtern zu machen und auch zu verschicken. Machen Sie mit Ihren Kindern auch solche Fotos, drucken Sie sie aus – um dann, auf Basis dieser Fotos, mit ihnen darüber zu diskutieren. Nehmen Sie solche Fragen als Grundlage des Gesprächs:

☞ Was wäre, wenn ein Freund oder eine Freundin das Foto an andere WhatsApp-Gruppen weiterschickt? Würdest du das wollen?

☞ Könnte das Folgen haben, wenn jemand, mit dem du dich nicht so gut verstehst, das Bild auch bekommt und dann blöde Kommentare loslässt? Oder dein Bild verändert und weiterschickt?

☞ Würdest du dein witziges Foto plötzlich auf einer riesigen Plakatwand beim Bahnhof sehen wollen, ohne dass dich jemand um deine Erlaubnis gefragt hätte? Wie würde es dir dabei gehen?

---

7   http://lmgtfy.com/?q=snapchat+hacken

61

☞ Wäre dieses Foto als Profilbild bei Facebook, Whats-App und Co. geeignet? Nein? Warum nicht?

Die Präsentation der eigenen Person im Netz ist etwas, worüber wir gar nicht oft genug mit den Jugendlichen sprechen können. Immerhin – das ist ja mittlerweile nichts Neues – machen enorm viele Firmen sogenannte Backgroundchecks über künftige Mitarbeiter. In Österreich sind es 80 Prozent aller Betriebe, und in anderen Ländern ist dieser Wert ähnlich hoch.

Denn natürlich wollen Chefs von Bewerbern vorab wissen: »Wie präsentiert er sich in den Sozialen Medien? Was für ein Bild gibt er ab? Immerhin sollen sie später auch den Betrieb repräsentieren.« Längst gibt es mittlerweile auch eigene Websites[8], die für Firmen genau das anbieten:

Auf Mausklick alle im Netz verfügbaren Informationen über x-beliebige Personen.

Das folgende Beispiel ist zwar nicht unmittelbar in Verbindung mit Sexting zu sehen, doch es zeigt aus meinem eigenen, privaten Umfeld auf, wie sorglos viele (vor allem auch junge) Menschen mit ihrem Auftritt im Internet umgehen:

---

8   In Österreich zum Beispiel: www.yasni.at

Aus der Praxis

Es geht hierbei um den Sohn einer guten Freundin unserer Familie. Er schickte mir über Facebook eine Freundschaftsanfrage. Natürlich bestätigte ich. Danach musterte ich sein Profilbild.

Was bekam ich zu sehen?

Eine wunderschöne, saftig grüne Wiese. Fast schon idyllisch. Wäre da nicht ... ja, wäre da nicht diese eine volle Bierflasche gewesen, die mitten im Gras stand. Und daneben lagen drei leere Flaschen.

Ich rief den jungen Mann augenblicklich an.

»Klausi«, sagte ich. »Nur eine kurze Frage an dich. Bist du nicht gerade auf Jobsuche? Also...hättest du dich bei mir beworben, ich würde dich nicht mal zum Vorstellungsgespräch einladen.«

Klausi zeigte sich im ersten Moment erstaunt, fast entsetzt. »Warum denn?«

»Ich habe dein Profilbild auf Facebook gesehen.«, sagte ich.

»Und?«

»Was glaubst du wohl, was ich von dir denke, wenn ich vier Bierflaschen sehe?«

»Dass ich...« Man konnte am Telefon fast hören, wie der Groschen fiel. »Dass ich...saufe?«

»Du könntest mit Abstand der beste aller Bewerber sein. Aber den Job bekäme ein anderer.«, sagte ich.

Minuten später war sein Profilbild gegen ein neues ausgetauscht.

Aber kehren wir wieder in die Tiefen des Phänomens Sexting zurück. Dorthin, wo die Sorglosigkeit im Umgang mit Bildern sich in ganz anderen Dimensionen abspielt.

Wenn von Sexting die Rede ist, sollte man diesen Begriff immer auch im Hinterkopf haben:

Rachepornos.

Das mag im ersten Augenblick absurd klingen. Doch die Realität spricht eine andere Sprache. Immer wieder lassen Verliebte sich dazu hinreißen, während einer Beziehung heiße Videos zu drehen. Und immer wieder landen genau diese vermeintlich rein privaten Aufnahmen nach Ende einer Liebesbeziehung auf irgendwelchen Pornokanälen. Oder gleich im Darknet. Um – natürlich ohne Einwilligung der Hauptdarsteller – hochgeladen zu werden.

Auch Prominente sind immer wieder ungewollt unter den Porno-Akteuren. Menschen auch, die anderen Menschen plötzlich nicht mehr zu Gesicht stehen. Mobbingopfer mitunter. Und:

Die allermeisten Racheporno-
Opfer sind junge Frauen.

Das Motiv der Täter ist zumeist so nieder wie offenkundig: *Rache.*

Um den anderen dafür zu bestrafen, dass er einem den Laufpass gegeben hat. Oder um Druck auszuüben, die beendete Beziehung wieder aufflammen zu lassen. Oder das nahende Ende einer Beziehung zu unterbinden.

Die Folge dieser Rachepornos für die Betroffenen? Schamgefühle. Schwere Depressionen. Ängste. Schuldgefühle. Und die Opfer sind dadurch natürlich auch erpressbar.

Tipp
Auch hier gilt in erster Linie: Sichern Sie sofort alle Daten. Machen Sie Screenshots und alarmieren Sie sofort die Polizei. Informieren Sie außerdem die Portalbetreiber. Drängen Sie mit allem Nachdruck darauf, dass die Videos vom Netz genommen werden. Auch hier hilft wieder der Ombudsmann.

SMACK-CAM –
DIE LUST AN DER ERNIEDRIGUNG

*Für die einen ist es nur ein „Spaß", um sich daran zu ergöt-
zen – für die anderen jedoch der Alptraum ihres Lebens: Das
gezielte, oder auch wahllose körperliche Attackieren von Mitmenschen, um sie zu filmen und die Bilder ins Netz zu stellen.*

Das ist auch eines dieser Sprachmonster, auf dich ich Sie
bereits zu Beginn des Buches vorbereitet habe.

Smack-Cam. Was soll das sein?

Vielleicht habe Sie ja schon davon gehört: Happy-
Slapping. Nein? Happy-Slapping … das steht wortwört-
lich für »fröhliches Schlagen«.

Bloß, dass von Fröhlichkeit bei den Betroffenen keine
Rede sein kann, handelt es sich doch dabei zumeist um
»Spaß«, den die Betroffenen nicht wollen. Um Angriffe
durch Wildfremde – oftmals auf Passanten, aber auch auf
Mitschüler et cetera, mit allein diesem Zweck:

> *Das Filmen von Körperattacken, um sie ins
> Netz zu stellen, sich selbst daran zu erfreuen
> und zugleich das Opfer zu erniedrigen.*

Smack-Cam ist genau dasselbe. Nur eben der sprachliche
Nachfolger.

In Wien fand diese abscheuliche Zeitgeist-Phänomen
vor etwas mehr als zwei Jahren seinen traurigen Höhe-

punkt: Ein 15 Jahre altes Mädchen wurde im November 2016 vor laufender Kamera schwer misshandelt.

Unfassbare 2,8 Millionen Mal wurde das Video in diversen Sozialen Medien angeklickt. Ein Shitstorm war die Folge. Facebook jedoch erklärte sich erst auf massiven Druck – auch seitens der Politik – bereit, die Aufnahme vom Netz zu nehmen. Die Täter: drei Burschen und ein Mädchen, alle ungefähr im Alter des Opfers, das als Folge der Attacke nicht nur Blut spuckte, sondern sogar einen Kieferbruch erlitt.

Meine eigene Erfahrung zeigt mir: Gerade bei Gewaltvideos ist es manchmal schwer bis unmöglich, Betreiber wie Facebook dazu zu bringen, die Bilder aus dem Netz zu entfernen. Ein Jahr vor dem Vorfall in Wien sah ich zum Beispiel auf Facebook ein Video, worin ein Mann ein kleines Kind verprügelte.

Ich wandte mich erst als Privatperson an Facebook. Dann als Polizist. Und dann über den schon erwähnten Internet-Ombudsmann. Dreimal bekam ich dieselbe Antwort.

Als Betreiber habe man sich das Video angesehen – und dazu entschlossen, aufgrund der Kommentare das Video nicht zu sperren. Weil die Kommentare allesamt gegen Gewalt aufriefen. Und das, so Facebook, müsse man doch positiv sehen.

Unfassbar! Es ist wohl nicht anzunehmen, dass sich irgendeiner dieser sogenannten Verantwortlichen darüber Gedanken gemacht hat, was in dem Opfer der Gewaltattacke vorgehen muss. Mit welchen – vor allem auch seelischen – Folgen dieses Mädchen zu kämpfen hat.

Neu ist das Phänomen Smack-Cam natürlich nicht. Schon im Jahr 2004 tauchte erstmals ein einschlägiges Video im Netz auf. Damals in England. Die Aufnahmen einer mitgefilmten Vergewaltigung. Das Hauptproblem bei solchen Videos: Nicht immer ist klar erkennbar, ob tatsächlich Gewalt angewendet wird, oder ob alles nur ein Fake ist. Wenn Sie etwa auf YouTube gehen und »Smack-Cam« in die Suchleiste eingeben, werden Sie auf viele Videos treffen, die hunderttausende Male angeklickt wurden.

Doch es stellt sich vor allem diese prinzipielle Frage:

Warum machen junge Menschen überhaupt Videos von Gewaltakten? Warum stellen sie diese Bilder online?

Dafür gibt es mehr als nur eine Erklärung:

☞ Stichwort Sensation-Seeking: Das Suchen, Herunterladen und Teilen solcher Videos für Jugendliche, um innerhalb der eigenen Peergroup Anerkennung zu erhalten. Um sich zu profilieren. Aber auch um des Kicks willen, sich selbst auszuprobieren, frei nach dem Motto: Wie böse kann ich sein? Wie viele schlimme Sachen sind für mich ertragbar?

☞ Stichwort Einschüchterung: Ziel ist es dann, andere damit einzuschüchtern. Dabei gibt es drei Stufen des Vorgehens:

1. Sie zeigen die Bilder einem Mitschüler und sagen: Wenn du nicht tust, was wir wollen, geschieht genau das.

2. Die Täter beschaffen sich durch solche Videos eine Anleitung. Szenen, die sie aus dem Netz kennen, werden dann selbst »nachgespielt«. Meist im Umfeld der Schule. Gewalt wird angewandt und gefilmt, und das Opfer dann auch tatsächlich mit der drohenden Veröffentlichung erpresst.

3. Smack-Cam-Videos werden angefertigt und augenblicklich geteilt, ohne vorher mit dem Opfer darüber zu kommunizieren. Hier geht es allein darum, dem Opfer massiv zu schaden. Mit dem »wunderbaren Nebeneffekt«, dass die Täter sich an den Aufnahmen ergötzen können. Wieder und wieder. Der sogenannte Entmoralisierungs-Prozess, der zuvor ohnedies längst im Gang war, wird dadurch noch enorm verstärkt.

Was macht das mit den Opfern?

Zu Punkt drei kann nur so viel gesagt werden: Für Betroffene ist diese Art des Tatherganges der Alptraum schlechthin. Denn sie wissen natürlich:

Das Internet vergisst nichts.

Videos, Likes, Viewer – so oft kann ein Video oder Foto gar nicht gelöscht werden, dass es nicht doch wieder irgendwo auftaucht und schnell aufs Neue hochgeladen werden kann. Kommt der Ball erst einmal ins Rollen, ist in der Regel nicht mehr kontrollierbar, wer worauf Zugriff hat.

SEXTORTION – WENN DER ERPRESSERBRIEF PER VIDEOCHAT INS HAUS FLATTERT

Wovon wir nun sprechen, ist sozusagen die Erpressung 4.0. Sie erfolgt über Soziale Medien – und sie ist keineswegs ein Phänomen, das nur Einzeltäter kennt. Sextortion ist vielmehr ein verbrecherisches Mittel international tätiger Betrügerbanden.

Eines gleich vorweg: Sextortion – der sich anfangs scheinbar harmlos anlassende Onlineflirt mit dem ganz bösen Erwachen – richtet sich in erster Linie gegen sie: Junge Männer.

Wie so etwas abläuft, erfahren Sie im Folgenden. Ein übler Fall, der in meinem Heimatbundesland Oberösterreich zu beklagen war:

Aus der Praxis

Philipp, 18, erhält eine Freundschaftsanfrage auf Facebook. Ganz klassisch also.

Klassisch auch Philipps Umgang mit der Anfrage. Klassisch sorglos, wie viele andere User es auch sind bei Facebook-Anfragen, die nicht auf den ersten Blick als reine Sex-Anfragen erkennbar sind: Philipp nimmt die Anfrage an.

Weil es ihm da emotional ähnlich ergeht, wie unzähligen anderen auch. Weil in der Welt der Sozialen Medien eigene Gesetze herrschen. Weil oft auch im Hinterkopf solche Gedanken mitschwingen: Anfragen einfach abzulehnen, kann mir auf den Kopf fallen. Weil ich womöglich jemanden kränke, gegen mich aufbringe, mir seinen Zorn zuziehe. Wer weiß, welche Folgen das für mich hat?

Oder der Klick auf »Annehmen« geschieht einfach aus Sorglosigkeit.

Wie lief das nun bei Philipp?

Philipp musterte erst einmal das Profil der Unbekannten. Nein, er kannte sie nicht. Doch sie war ausgesprochen hübsch auf dem Bild. Und wie er auch Single. Laut Status. Also tat Philipp was?

Er schickte ihr eine kurze Nachricht über den Messenger.

»Warum schreibst du mich an? Wir kennen uns doch gar nicht.«

Antwort: »Du wurdest mir von Facebook als Freund vorgeschlagen. Ich habe mich sofort in dein Profilbild verliebt.«

Meine Güte, könnten Sie nun sagen. Wie platt ist das denn! Ja, doch Sie sollten nicht für möglich halten, wie oft genau diese Masche bei vielen Menschen unter die Haut geht.

Wie ging es weiter?

Die Unbekannte legte sofort eine Schippe nach.

»Ich weiß ja selbst nicht, wie das sein kann, dass man sich einfach in das Bild eines Wildfremden verliebt. Aber...« Sie würde ihn so gerne persönlich kennenlernen.

Zu diesem Zeitpunkt zappelte Philipp längst am Angelhaken, ohne dass er es wusste. Er fühlte sich natürlich geschmeichelt, nahm die Freundschaftsanfrage also an. Ein Chat zwischen den beiden entspann sich. Ein Zweiter. Immer länger wurden die Unterhaltungen übers Netz. Und rasch wurde der Chat auch immer heißer. Ein klassischer Dirtytalk entwickelte sich (wir haben davon gehört).

Dann der Vorschlag von Philipps neuer Flamme: »Warum unterhalten wir uns nicht über Skype weiter?«

Ein Videochat. Ja, dafür war Philipp sofort zu haben. Wo längst hätten alle Alarmglocken schrillen müssen, ging Philipp immer noch einen Schritt weiter. Bis sein wirklich hübsches Video-Gegenüber ihn aufforderte, sich vor laufender Webcam auszuziehen.

Philipp zog sich aus. Allerdings glaubte er sich auf der sicheren Seite, denn er sagte: »Ja, aber nur, wenn du dich auch ausziehst.«

Also zogen sich alle beide vor der Kamera aus. Beide begannen auch, sich vor der Kamera zu befriedigen. Klassischer Cybersex sozusagen.

Philipp würde sich später daran als »fantastische Erfahrung« erinnern. Bloß, dass schon am nächsten Tag die brutale Ernüchterung folgte: Über Facebook-Messenger trudelte eine Botschaft seiner »Geliebten« ins digitale Haus.

Ein Link, der ihn zu YouTube führte. Philipp klickte den Link an und sah ein Video von sich, wie er sich auszog und an sich rummachte.

Der Status des Videos war: nicht veröffentlicht. Doch ein darunter eingeblendetes Banner machte klar, dass dieser Status sich rasch ändern konnte. Nämlich, wenn er nicht augenblicklich 350 Euro per *Western Union* oder *Paysafe*-Karte auf ein Konto in Nigeria überweist.

Mit dieser klaren Ansage: »Wenn du nicht zahlst, wird das Video am nächsten Tag auf alle gängigen Pornoseiten hochgeladen. Weltweit.«

Philipp zahlte. Dann erst ging er zur Polizei.

Tags darauf wurde ich ins Mittagsjournal beim ORF eingeladen, Landesstudio Oberösterreich. Der brandaktuelle Fall wurde im Radio präsentiert, ich als Experte dazu interviewt.

Der Bericht blieb nicht ohne Wirkung. Zahlreiche weitere Opfer meldeten sich. Sie sprangen allesamt über ihren Schatten und legten nach einigem Zögern jene Scheu ab, die Opfer solcher Verbrechen üblicherweise schweigen lässt. Denn sie schämen sich. Es ist ihnen peinlich, also bezahlen sie lieber und nehmen auf sich, dass ihr Video auf einschlägigen Seiten landet.

Im konkreten Fall war es so, dass einige der Opfer, die sich meldeten, nicht bezahlt hatten und ihr Video trotzdem nicht ins Netz hochgeladen wurde.

Wer sind die hübschen Lockvögel?

So viel wissen wir mittlerweile aufgrund zahlreicher ähnlicher Fälle: Hier wird nichts, aber wirklich gar nichts dem Zufall überlassen. Diese Frauen – allesamt sehr hübsch, zumeist nur gebrochen Deutsch sprechend – werden eigens für ihren Einsatz geschult. Gecastet also. Sie lernen geschickte Gesprächsführung. Sie lernen, ihre Opfer rasch richtig einzuschätzen. Bei wem sie wie weit gehen können und bei wem sie anfangs noch zurückhaltend sein müssen, um letztlich zum Erfolg zu kommen. Unter anderem kundschaften sie auch dies geschickt aus:

☞ Um wen handelt es sich?
☞ Aus welchem Land stammt mein Opfer?
☞ Welche gesellschaftliche Stellung hat es?
☞ Welchen Beruf? Akademiker oder Arbeiter?

Dies und noch mehr natürlich nur aus einem Grund: um daran die Höhe der Geldforderung bemessen zu können. Also eine Summe, von der angenommen werden darf, dass der Betreffende sie aufbringen kann. Weil es natürlich etwas ausmacht, ob ein Schüler oder Professor an der Leine hängt. Ob es jemand aus der Schweiz oder Slowenien ist. So sind die Forderungen in Sextortion-Fällen auch sehr breit gestreut.

Von 100 Euro bis 10.000 Euro und mehr.

Das klingt selbstverständlich. Doch so ist es in der
Praxis nicht. Die momentane Erregung, der viele Menschen in so einer Situation erliegen, ist oft übermäch-
tig, und der Paarungswille vieler (vor allem, wenn sie
sich im »Jagdmodus« befinden) kaum zu bändigen.
Menschen schätzen die eigene Anziehungskraft dann
völlig falsch ein – und werden grob unvorsichtig.

Wie kann ich mich
(auch vor mir selbst) schützen?

Es gibt eine Reihe von Maßnahmen – und wenn Sie die
beachten, ist die Gefahr, Opfer solcher Straftaten zu werden, sehr gering. Nämlich:

☞ Niemals persönliche Details bekanntgeben (Schule,
Adresse, Nachname, Arbeitsstelle und so weiter)

☞ Intime Dinge immer für sich behalten – zum Beispiel
Details, die sie weder ihrer Familie noch ihren besten
Freunden erzählen würden. Alles in diese Richtung
macht Sie nur zusätzlich erpressbar.

☞ Bei Verwendung einer Webcam: Kleben Sie sie (zumindest teilweise) ab – und zwar so, dass Ihr Gesicht
nicht erkennbar ist.

☞ Prüfen Sie außerdem, ob Ihr Gegenüber im Chat auch die Ihnen bekannte Person ist.

☞ Achten Sie darauf, ob das Gespräch einen sogenannten Real-Time-Effekt hat, soll heißen: Ob beim Video immer wieder Verzögerungen in Bild und Ton auftreten, die angeblich nur mit der schlechten Übertragungsqualität zu tun haben. In Wirklichkeit ist es dann oft so, dass ihre »Chat-Liebe« nur eine Aufzeichnung liefert. Oder auch Standbilder. Während sie selbst live rüberkommen und alles mitgeschnitten wird, was Sie, das Opfer, vor laufender Kamera tun.

☞ Hören Sie auf das Klingeln der Alarmglocken – vor allem, wenn ihr Chatpartner rasch auf Cybersex zu sprechen kommt.

☞ Achten Sie darauf, auffällige Tattoos oder Piercings zu verdecken. Sie könnten Sie in einem mitgeschnittenen Video rasch erkennbar und identifizierbar machen.

Wie sehen Sie das – ist Cybersex ein absolutes No-Go oder im Prinzip okay?

Unter gewissen Umständen nämlich?

Diese Frage stelle ich gerne bei Vorträgen, die ich vor Jugendlichen und jungen Männern halte. Und zwar unmittelbar nachdem ich meinen Zuhörern die Vorgehensweise der Täter, den sogenannten Modus Operandi, ausführlich dargelegt habe. Wenn ich ihnen begreiflich gemacht habe, wie schnell es gehen kann, Opfer zu werden, wenn die Vorsicht zuhause bleibt.

Es ist noch nicht lange her, da sagte ich bei öffentlichen Auftritten dann gerne und sehr zum Erstaunen des Auditoriums: »Ja, unter gewissen Voraussetzungen ist gegen Cybersex nichts einzuwenden«, um sofort eine Art paradoxe Intervention anzufügen. »Vorausgesetzt, Sie stülpen sich eine Einkaufstasche über den Kopf und vergessen dabei nicht auf die Luftlöcher.«

Das Gelächter der Zuhörerschaft ist mir dann sicher. Jeder weiß, wie ich es in Wirklichkeit meine.

Mittlerweile sage ich das nicht mehr. Aus dem einfachen Grund: Wir Präventionsbeamte mögen diesen Tipp als sinnvoll und hilfreich empfinden, doch die Täter sind längst dazu übergegangen, auch aus dieser vermeintlich sicheren Situation Kapital zu schlagen. Der folgende Fall zeigt das eindrücklich:

Aus der Praxis

Gregor, ein 17 Jahre alter Schüler, kontaktierte mich. Er wirkte am Telefon so verzweifelt wie hilflos.

Was war dem jungen Mann passiert?

Der Klassiker sozusagen. Ein Mädchen machte sich an ihn heran, lockte ihn auf einen Videochat. Das Gespräch wurde rasch intim, doch als es darum ging, sich auszuziehen, läuteten die Alarmglocken. Gregor blockte ab. Weder zog er sich vor laufender Kamera aus noch legte er Hand an sich.

Tags darauf, ganz dem Modus Operandi der Banden entsprechend, kam im Messenger der Hinweis auf ein Video. Zu sehen war Gregor beim Dirtytalk. Dann die Szene eines jungen Mannes, der sich vor der Kamera befriedigt. Dann wieder Gregor. Der ganze Film so zusammengeschnitten, dass klar scheint, dass Gregor derjenige sei.

Tipp

Stellen Sie Ihren Kindern gegenüber klar: Ausziehen vor der Webcam ist ein absolutes No-Go. Und auch das Anfertigen von Nacktbildern mit Digitalkamera oder Smartphone. Selbst wenn sie nicht verschickt werden.

Für kleinere Kinder gibt es dafür ein gutes Video. Es nennt sich Oben ohne Pelz, ist von der Machart an Shaun, das Schaf angelehnt und auf YouTube zu finden.[9] Und es gibt auch ein passendes Handbuch.[10]

---

9   https://www.youtube.com/watch?v=tVY5X1-cbV0

10 https://www.saferinternet.at/uploads/tx_simaterials/Methodik_Hand
    buch_Sheeplive_Cartoons.pdf

Was tun, wenn man dennoch zum Opfer wird?

Tipp

Folgende Grundregeln sollten Sie im Fall des Falles – wenn also bereits das Erpresserschreiben vorliegt – unbedingt einhalten:

☞ Brechen Sie den Kontakt zu dem Erpresser oder der Erpresserin sofort ab.

☞ Gehen Sie keinesfalls auf die Forderungen ein – denn was würde geschehen, wenn Sie bezahlen? Neue Forderungen würden gestellt.

☞ Sollte Ihr Material tatsächlich im Netz auftauchen – lassen Sie es über den Anbieter löschen (wie das geht und wer dabei hilft, habe ich Ihnen ja schon geschildert).

☞ Machen Sie Screenshots – das ist auch für die Strafverfolgungsbehörden sehr hilfreich.

☞ Unbedingt rasch Anzeige erstatten und alle relevanten Daten mitbringen (Screenshots, E-Mail-Verkehr, Kontaktdaten, Chatverlauf et cetera)

☞ Dreht es sich dabei um Internetseiten (zum Beispiel Facebook-Profile von Tätern), so ist für die Ermittler auch die URL besonders wichtig, also die Adresse, die mit »www« beginnt.

☞ Auch E-Mails sollten unbedingt im Original abgespeichert bleiben, da die Internetkopfzeile helfen kann, den Täter (über die IP-Adresse seines Modems) zurückzuverfolgen.

Warum müssen Opfer stets über Western Union, Paysafe-Karten und Co. zahlen?

Und dazu diese Frage: Warum gehen die Transfers fast immer nach Nigeria oder an die Elfenbeinküste? Ganz einfach: Mit diesen beiden Ländern haben die allermeisten europäischen Staaten keinerlei Rechtshilfeabkommen. Verbrecher dort ausfindig zu machen, ist damit so gut wie unmöglich. Die Erfahrung zeigt: Der Auslandsschriftverkehr mit diesen Ländern versandet, endet schon rasch in der Sackgasse.

Und eines ist natürlich auch klar: Je öfter Opfer sich einschüchtern lassen und doch bezahlen, je mehr sehen diese Verbrecherringe sich bemüßigt, weiterzumachen. Der Erfolg gibt ihnen Recht.

Tipp

Sollten Sie Wind davon bekommen, dass jemand in Ihrer Familie, Verwandtschaft, Ihrem Freundeskreis von Sextortion betroffen ist (oder natürlich Sie selbst), so rate ich dringend dazu:

Informieren Sie Ihre Peergroup darüber, was geschehen ist. Das erfordert eine gehörige Portion Mut und Selbstvertrauen – doch wenn es sich um echte Freunde handelt, werden Sie Ihnen helfen. Sie werden Sie nicht verspotten, sondern sofort Bescheid geben, sollte das Material irgendwo auftauchen, damit es möglichst rasch gelöscht werden kann.

Die Dunkelziffer ist bei dieser Art von Verbrechen naturgemäß besonders hoch. Nicht nur der Scham wegen, die Opfer empfinden, sondern oft auch, weil die meisten in einer aufrechten Beziehung sind. Den Partner oder die Partnerin genau darüber zu informieren, ist mit Sicherheit eine enorme Gratwanderung. Genau deshalb zahlen auch viele – aus Angst, diese Schmach eingestehen zu müssen und dadurch womöglich die Partnerschaft zu zerstören.

MOBBING UND CYBERBULLYING – NIEMAND WIRD ALS OPFER GEBOREN

Mobbing hat so viele Gesichter, wie es Menschen gibt. Mobbing ist tagtäglicher, bitterer Ernst. Mobbing ist nicht nur ein übles Spiel von Tätern. Und: Mobbing in der virtuellen Welt hinterlässt bedeutend schlimmere Spuren als von Angesicht zu Angesicht.

Mobbing ist in unseren Sprachgebrauch längst übergegangen. Jeder hat da so seine ganz eigenen Vorstellungen, wo Mobbing beginnt. Gefühlt. Im Großen und Ganzen bewegen sich diese Vorstellungen auch auf ähnlichen Ebenen.

Doch was ist das jetzt wieder? Cyberbullying? Etwa eine neue Form der Internet-Gewalt?

Nein. Sollten Sie also den Ausdruck Bullying eines Tages aus dem Mund Ihres Kindes vernehmen, dann wissen Sie spätestens ab jetzt: (Cyber-)Bullying ist nur ein anderes, der Jugendsprache gerechtes Wort für dasselbe üble Phänomen:

Mobbing.

Fakt ist: Mobbing wird immer noch unterschätzt. Mobbing ist insbesondere an den Schulen bitterer, täglicher Ernst. Mobbing wird in der pädagogischen Grundausbildung immer noch viel zu wenig Bedeutung beigemessen. Mobbing ist, was man keinesfalls ignorieren

darf. Mobbing ist der Aufruf an alle – von der Schuldi-
rektion bis zu den Lehrkräften –, sich nicht bloß einer
moralischen Pflicht zu besinnen, sondern auch mit aller
Entschiedenheit dagegen vorzugehen.

Oft genug trifft Mobbing ja auch die Lehrer selbst.

Wovon sprechen wir genau
bei dem Wort Mobbing?

Der bedeutende Mobbing-Forscher Heinz Leymann hat
insgesamt 45 verschiedene, von ihm beobachtete Mob-
bing-Handlungen in fünf Kategorien eingeteilt. Und in
weiterer Folge die folgende Definition geschaffen:

*»Der Begriff Mobbing beschreibt negative kommunikative
Handlungen, die gegen eine Person gerichtet sind (von einer
oder mehreren anderen) und die sehr oft über einen längeren
Zeitraum hinaus vorkommen und damit die Beziehung zwischen Täter und Opfer kennzeichnen.«*

Soweit der vor 20 Jahren verstorbene Forscher Leymann.
Dazu gibt es allerlei zu sagen. Fangen wir damit an:
Negative kommunikative Handlungen.

Mobbing beschreibt im Prinzip jede Art von Kommunikation – gleichgültig, ob verbal oder nonverbal –, die
vom Opfer negativ empfunden wird, die für negative Gefühle sorgt.

Längerer Zeitraum.

Dafür gibt es mittlerweile internationale Standards, die einen Zeitraum von mehr als sechs Monaten beschreiben. Beim Cybermobbing oder Bullying wird dieser Zeitraum bedeutend kürzer angesetzt.

Als ich mit der Arbeit an meinem ersten Buch *PädagogInnen: Ein harter Job* begann, lief in Vorarlberg, genau genommen Bregenz, aktuell ein Prozess zu genau diesem Thema. Ein Schüler hatte die Schule beziehungsweise den Staat auf Schadenersatz verklagt. Der Grund: Jahrelange Mobbingattacken, gegen die seitens der Schule seiner Ansicht nach nichts oder viel zu wenig unternommen worden war.

Der Fall ging vor den Obersten Gerichtshof. Zu einer Urteilsfällung kam es letztlich aber nicht. Die Parteien einigten sich zuvor auf einen außergerichtlichen Tatausgleich – eine sogenannte Diversion. Ob der Staat Schadenersatz leistete, wurde nicht öffentlich gemacht. Doch eines ist das Vorgehen allemal, wenn auch nur teilweise: ein Schuldeingeständnis.

Mobbing – Was sagt das Gesetz?

Dazu nun die Rechtslage – hier in Bezug auf Österreich. Folgender Paragraph (§107c StGB) ist seit 1.1.2016 unter dem Titel *Fortgesetzte Belästigung im Wege einer Telekommunikation oder eines Computersystems in Kraft:*

(1) Wer im Wege einer Telekommunikation oder unter Verwendung eines Computersystems in einer Weise, die geeignet

ist, eine Person in ihrer Lebensführung unzumutbar zu beeinträchtigen, eine längere Zeit hindurch fortgesetzt

1. *eine Person für eine größere Zahl von Menschen wahrnehmbar an der Ehre verletzt oder*

2. *Tatsachen oder Bildaufnahmen des höchstpersönlichen Lebensbereiches einer Person ohne deren Zustimmung für eine größere Zahl von Menschen wahrnehmbar macht, ist mit Freiheitsstrafe bis zu einem Jahr oder mit Geldstrafe bis zu 720 Tagessätzen zu bestrafen.*

(2) Hat die Tat den Selbstmord oder einen Selbstmordversuch der im Sinn des Abs. 1 verletzten Person zu Folge, so ist der Täter mit Freiheitsstrafe bis zu drei Jahren zu bestrafen.«

Bei diesem Paragraphen geht es um ein sogenanntes Offizialdelikt. Das bedeutet: eine Handlung, die von der Staatsanwaltschaft von Amts wegen verfolgt werden muss.

Zwar sind Schulleitung und Co. nicht per Gesetz verpflichtet, Anzeige zu erstatten – doch es gibt eine glasklare Empfehlung des Landesschulrates, genau das zu tun: Anzeige erstatten und nicht einfach wegsehen und die Sache (aus welchen Gründen auch immer) unter den Tisch fallen lassen. Weil die Ansicht vertreten wird, dass es sich bei Mobbing darum handelt:

Eine strafbare Handlung, die die Gesundheit, den Leib und das Leben von Schülern betrifft.

Was ist im Fall einer Anzeige die Konsequenz?

Ermittelt die Polizei in Sachen Cybermobbing, geschieht Folgendes: Smartphones werden beschlagnahmt, ebenso wie andere Datenträger. Einvernahmen von Verdächtigen und Zeugen werden gestartet. Dann wird ein Abschlussbericht für die Staatsanwaltschaft verfasst.

Manche von Ihnen wissen sicherlich (etwa von Fällen aus dem persönlichen Umfeld oder aus den Medien), wie weit (Cyber-)Mobbing schlimmstenfalls führen kann. Einmal bei Google die Namen Amanda Todd (wir haben schon von ihr gehört), Holly Grogan oder Joël Horn eingegeben und schon ist man mittendrin in den erschütternden Lebens- und Sterbensgeschichten junger Menschen, die alle dasselbe Schicksal vereint:

Sie wurden durch Cybermobbing in den Selbstmord getrieben.

Mobbing ist kein Bagatelldelikt. Mobbing verursacht im Gegenteil tiefes Leid und lebenslange Narben. Dazu an dieser Stelle ein Buchtipp: Du Opfer! Wenn Kinder Kinder fertig machen. Erschütternde und zugleich erhellende Erfahrungsberichte Erwachsener, die in ihrer Kindheit massiv gemobbt wurden.

Wie oft wird gemobbt?
Sind das Einzelfälle?

Schätzungen zufolge verhält es sich so: In fast jeder Klasse einer Sekundarstufe gibt es mindestens ein Kind, das Opfer massiven Mobbings wird.

Alarmierend auch solche Werte: Wenigstens einer von fünf Schülern (also 20 Prozent) aller 11- bis 15-Jährigen in Österreich sind von Bullying betroffen – ein doppelt so hoher Wert wie im OECD-Schnitt (soweit die jüngsten Zahlen des Reports[11] der Organisation für wirtschaftliche Zusammenarbeit und Entwicklung), und gleich fünfmal so viele Betroffene wie etwa in Schweden.

In dem Bericht heißt es, dass Betroffene im Verlauf von zwei Monaten zumindest zwei Bullying-Erfahrungen gemacht haben. Mit ein dramatischer Beleg dafür, dass Mobbing (das es früher natürlich auch schon, bloß in anderer Form gab) durch den Einsatz von Social Media, Smartphones oder Internet im Allgemeinen für die Opfer bedeutend härter und grausamer geworden ist.

Was wir tun können

Wichtig ist vor allem: Bei Mobbing treten sogenannte Leakings auf: tröpfchenweise Ansätze. Darum gilt zu allererst für Lehrer wie Eltern:

---

11   Skills for Social Progress: The Power of Social and Emotional Skills

Niemals die Augen verschließen,
wenn es erste Anzeichen gibt.

Einige dieser klassischen Primär-Anzeichen habe ich Ihnen hier zusammengestellt:

☞ Kinder werden sichtbar und wiederholt gehänselt. Es kommt zu Beschimpfungen, Verhöhnung, Einschüchterung, Entwürdigung oder auch Bedrohung.
☞ Kinder werden herumkommandiert. Sie werden vor allen anderen herabgesetzt, lächerlich gemacht, tyrannisiert, unterdrückt, ausgelacht, gestoßen, geschlagen, getreten oder zur Seite geschoben.
☞ Jede Kleinigkeit, die ein potentielles Opfer »verbrochen« hat, wird sofort aufgezeigt, um dann darauf herumzureiten.
☞ Kindern werden ihre Sachen weggenommen – Bücher, Hefte, Stifte, Taschengeld. Auch kommt es zu Verletzungen (Kratzer, Prellungen, Schnittwunden). Oder ihnen wird die Kleidung zerrissen.
☞ Kinder werden oft auch zu Opfern, wenn sie zu Wehrlosigkeit neigen oder an mangelndem Durchsetzungsvermögen leiden – und genau dieses Verhalten bei Bullying auch an den Tag legen.

Dann gibt es natürlich auch Sekundär-Anzeichen.
Auch sie dürfen vom Lehrpersonal keinesfalls übersehen werden:

☞ Kinder sind meist alleine, werden vom Klassenverband ausgeschlossen. Das gilt auch in der Pause. Niemand spricht mit ihnen.

☞ Kinder werden aus Prinzip immer als Letzte gewählt, wenn es um Mannschaftsspiele geht. Ein Murren hebt an, wenn ein Team den »Schwarzen Peter« zieht.

☞ Kinder, die sich in Pausen immer in der Nähe von Lehrern aufhalten, sind oftmals Mobbing-Opfer. Sie suchen die Nähe, weil sie sich da einigermaßen sicher fühlen.

☞ Kinder, die bei Teamarbeiten immer etwas abseits sitzen, sich kaum einbringen, sind ebenfalls oft Betroffene.

☞ Kinder, die extrem ängstlich und unsicher auftreten, tun dies oft, weil sie gemobbt werden. Sie sind deprimiert, zeigen Schulunlust, klagen über psychosomatische Beschwerden, fehlen deshalb überdurchschnittlich oft im Unterricht.

☞ Kinder, deren Schulleistungen sich plötzlich verschlechtern – auch das kann eine Folge von Mobbing sein.

Doch damit nicht genug: Auch das folgende Phänomen ist in Zusammenhang mit Mobbing sehr wichtig und darf nicht übersehen werden.

Die Etikettierung

Was versteht man darunter? Wie äußert sich das?

Wer gemobbt wird, versinkt nicht automatisch von Beginn an in einer Art Schockstarre. Gerade zu Beginn systematischer Unterdrückung und Erniedrigung versuchen Opfer immer wieder, sich sichtbar zu wehren. Weil sie da noch über die nötige Kraft verfügen.

Wie sieht diese Wehrhaftigkeit aus?

Mobbingattacken werden sehr häufig versteckt gesetzt. Raffiniert und auf eine Weise, dass unbeteiligte Augen sie kaum wahrnehmen. Das Abwehrverhalten Betroffener jedoch ist oftmals offen zu erkennen. Lehrer gewinnen da nur allzu leicht der Eindruck, ein Kind verhalte sich sozial auffällig.

Beschweren sich diese Gemobbten obendrein wiederholte Male bei Lehrern, manifestiert sich der Eindruck des Schwierig-Seins. »Das müsst ihr euch schon selber ausmachen.«, wird den Kindern dann gerne als »Lösungsvorschlag« mitgegeben. Und zugleich setzt sich in den Köpfen von Lehrkräften das Bild fest, dass ein Schüler nicht nur sich ständig wegen allerlei beklagt, sondern obendrein kräftig austeilt. Weil seine bloßen Abwehrreaktionen völlig falsch eingeschätzt werden.

Das Etikett, mit dem der Schüler X beklebt wird, ist fertig. Die Aufschrift lautet:

Du bist lästig. Auffällig. Ungut. Anstrengend.

Doch das Rad dreht sich noch weiter.

In der Pause berichtet der Lehrer den Kollegen Folgendes: X ist heute wieder einmal besonders mühsam, beschwert sich ständig und ist selbst alles andere als ein Engel.

Die Information sickert in die Köpfe des Kollegiums. Der Schüler X gerät automatisch in den Fokus, eine Art Sonderbewachung wird ihm zuteil. Sprich, die Augen der Lehrer ruhen nun noch kritischer auf ihm, die kleinste Wehrhaftigkeit in seinem Verhalten wird bereits in Richtung Auffälligkeit gedeutet.

Und dann?

Die Etikettierung zieht weitere Kreise. Fazit: Das gemobbte Kind kann immer weniger auf Hilfe bauen. Das Opfer spürt das auch anhand der Reaktionen seitens der Lehrkräfte. Die ohnedies immer größer werdende Hilflosigkeit und Ohnmacht verstärkt sich. Die Spiralbewegung ist voll im Gange. Das Opfer beginnt, die Aussichtslosigkeit seiner Lage zu erkennen, zieht sich mehr und mehr zurück, wird immer stiller.

Doch das muss nicht sein. Wie es auch gehen kann, lesen Sie an folgendem Beispiel.

Aus der Praxis

Eine Lehrerin aus dem Bezirk Wels Land in Oberösterreich gab mir folgendes Feedback bereits einige Jahre nachdem sie an einem Vortrag von mir teilgenommen hatte. Ein paar Sätze hätten sich ihr, sagte sie, besonders eingeprägt. Diese Sätze nämlich (die ich selbst von einem Experten[12] übernommen habe):

Mobbing geschieht nicht aus Zufall, sondern wird von Ermöglichern ermöglicht. Die Verantwortung in der Klasse trägt der Klassenvorstand. Unternimmt er nichts, macht er sich selbst zum Ermöglicher.

Sie folge, erzählte mir die Dame, seither einer sehr strikten Linie. Sobald ihr im Umgang der Schüler untereinander etwas auffalle, was auch nur entfernt nach Mobbing rieche, versuche sie sofort, diese »Störung« zu beseitigen. Mit dem Ergebnis, dass es seit Jahren keinen einzigen Mobbingfall mehr in ihren Klassen gab.

Verhaltensveränderungen haben viele verschiedene Erscheinungsformen. Wichtig ist – sei es für uns Eltern, sei es für die Lehrkräfte –, dem Leben der Kinder immer mit offenen Augen zu begegnen. Ob zuhause oder im Schulgebäude. Denn so können wenigstens die erwähnten Sekundär-Anzeichen gesehen werden.

Tipp

Achten Sie auf die Augen-Kommunikation – vor allem, wenn es in einem Gespräch um das Thema Mobbing geht. Die Worte täuschen leicht, doch die Augen der Kinder sagen immer die Wahrheit!

---

12 Dr. Rupert Herzog (KIJA OÖ)

Für den Fall, dass Sie selbst auf einen Mobbing-Fall stoßen oder davon Wind bekommen, was sich zum Beispiel in der Klasse Ihres Kindes abspielt, kann ich Ihnen eine Reihe dringender Maßnahmen ans Herz legen, nämlich:

☞ Sofortige Gespräche mit dem Opfer, um sich ein Bild von der Tragweite des Falles zu machen.

☞ Dabei immer im Hinterkopf behalten: In besonders schweren Fällen besteht immer auch Suizidgefahr.

☞ Die Eltern der Kinder müssen unbedingt sofort eingebunden werden.

☞ Maßnahmen gegen die Täter ergreifen – beginnend mit aufklärenden Gesprächen darüber, welche Folgen ihr Handeln auch für sie selbst haben kann und wird.

☞ Informieren Sie, wenn es nötig scheint, auch Präventionsbeamte der Polizei. Das Auftreten der Beamten in der Schule hinterlässt zumeist bei den Tätern gehörigen Eindruck und führt oft genug dazu, dass das Mobbing ein Ende hat.

☞ Wenn das alles nicht hilft: Setzen Sie sich mit der *Kinder- und Jugendanwaltschaft* (KIJA) in Verbindung – dort wird als Klärungshilfe auch ein Mobbing-Workshop angeboten. Ebenso gut können Sie mit Ihrem Kind bei der KIJA auch um Einzelberatung bitten (anonym und völlig neutral).

Sind damit die Möglichkeiten ausgeschöpft? Was könnte darüber hinaus helfen?

Doch mit einer Suspendierung ist es natürlich noch lange nicht getan. Strafen helfen in den seltensten Fällen, denn:

Wer mobbt, muss begreifen, was er tut,
muss die Tragweite des eigenen Handelns erkennen.
Vor allem auch auf emotionaler Ebene.

Intensive Arbeit mit den Tätern ist nötig. Auch hilft es nicht unbedingt, Opfer und Täter voneinander zu trennen. In Zeiten von WhatsApp und Co. beginnen und enden die Mobbing-Möglichkeiten längst nicht mehr an der Schulpforte. Der Grund für den Schulwechsel eines gemobbten Kindes ist in der neuen Klasse oft schneller bekannt, als man seine Nase bei der einen Türe hinaus und zur anderen hinein strecken kann.

Wie also damit umgehen?

Indem Mobbing zum Schulthema gemacht wird. Indem ein offener Konflikt auch offen ausgetragen wird. In der Gemeinschaft von Schülern, Eltern und Lehrern. Indem versucht wird, ein gemeinsames Problembewusstsein zu erzeugen und zu festigen.

Die Praxis zeigt jedoch, dass in sehr vielen Fällen als der Weisheit letzter Schluss doch der Schulwechsel gemobbter Kinder in Betracht gezogen wird. Das wirft natürlich einige Fragen auf, wie zum Beispiel:

☞ Wie verhält es sich mit den Tätern? Immerhin waren sie (durch die »Flucht« ihres Opfers) in ihren eigenen Augen hoch erfolgreich.

☞ Wer wird das nächste Opfer?

Nachstehende Grafik verdeutlicht die Welt des Mobbings – aus der Sicht des Opfers (O). Sie soll die einzelnen Rollen der Akteure darlegen. Ausgangssituation ist eine äußerst »effiziente« Mobbingsituation in einer Schulklasse.

Die Pfeile dienen dazu, den Druck gegen das Opfer darzustellen wie auch die einzelnen Tathergänge. Klar zu erkennen: Bei Mobbing im Klassenverband gibt es keine Nicht-Akteure. Jeder (auch jene, die scheinbar nichts tun) sind beteiligt.

Mobbingdiagramm

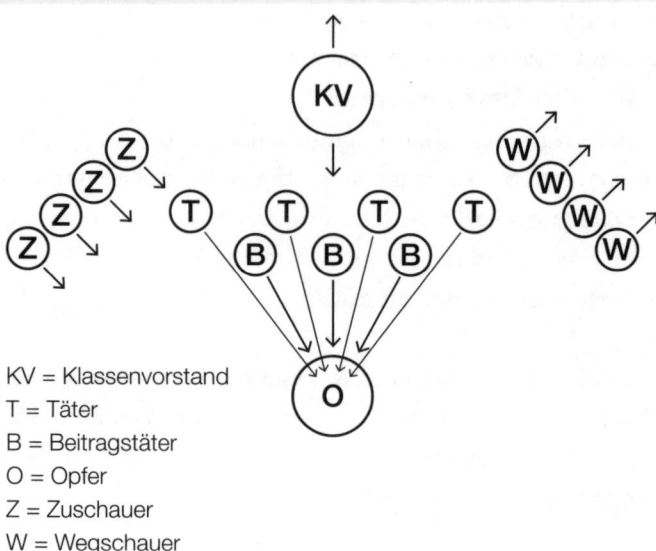

KV = Klassenvorstand
T = Täter
B = Beitragstäter
O = Opfer
Z = Zuschauer
W = Wegschauer

Indem sie beispielsweise zulassen, dass es überhaupt zu Mobbing kommt. Die sogenannten Ermöglicher also, von denen wir bereits gehört haben.

Klar wird dadurch auch: Mobbing ist alles andere als ein Schicksalsschlag, der »aus heiterem Himmel« auf einen Menschen niederprasselt wie beispielsweise eine schwere Krankheit oder der Verlust eines geliebten Menschen. Mobbing ist auch nichts, in das man als Opfer hineingeboren wird.

Tipp

Nachstehend finden Sie eine Reihe von Fragen, die alle dazu dienen, mit Kindern und Jugendlichen eine rege Diskussion zum Thema Mobbing zu führen:

☞ Gibt es das »geborene Mobbingopfer«?

☞ Was macht (Cyber-)Mobbing mit Menschen?

☞ Welche Folgen hat Mobbing für die Opfer?

☞ Wie kann man Mobbingopfern helfen?

☞ Wie wird jemand zum Täter? Warum?

☞ Welche Folgen kann es für mich als Täter geben?

☞ Warum sehen Menschen immer wieder zu, wenn gemobbt wird? Warum darf jemand fertiggemacht werden, ohne dass wir helfen?

☞ Warum ignorieren Menschen Mobbing ganz bewusst? Welche Folgen ergeben sich daraus für die Opfer?

☞ Warum gibt es sogenannte Beitragstäter? (nicht zu verwechseln mit den Mittätern … Beitragstäter sind Menschen, die zwar an einer Handlung nicht aktiv teilnehmen, sie jedoch durch ihr Verhalten erleichtern oder überhaupt erst ermöglichen)

☞ Warum finden sich unter diesen Beitragstätern immer wieder auch Freunde des Opfers?

☞ Warum halten Beitragstäter sich oft im Dunstkreis der Täter auf? Was versprechen sie sich davon?

☞ Sind Beitragstäter mit allem einverstanden, was einem Mobbing-Opfer angetan wird? Warum unternehmen sie nichts, wenn sie es nicht okay finden?

☞ Warum bemerken Lehrer oft tatsächlich nichts von Mobbingattacken?

☞ Was kann oder muss eine Lehrkraft tun, wenn sie (Cyber-)Mobbing bemerkt?

Sie sehen schon: Hier tut sich eine enorme Menge an Problemstellungen auf. Doch ich möchte Sie nicht mit den offenen Fragen allein und ratlos zurücklassen. Dazu also das Folgende:

Nein, es gibt kein geborenes Mobbingopfer.

Mobbing ist zumeist keine Einzeltat. Mobbing hat eine starke Gruppendynamik. Dabei sucht sich die Gruppe ihr Opfer gezielt aus. Allerdings gibt es den einen oder anderen Faktor, der die »Opferrolle« begünstigt:

☞ Geringes Maß an Wehrhaftigkeit

☞ Ein »Anders-Sein« – anders nach Parametern, die von der Mobber-Gruppe bestimmt werden.

☞ Übergewichtigkeit – dafür gibt es ein statistisch belegtes, erhöhtes Mobbingrisiko.

Wichtig in dem Zusammenhang ist auch dieser Begriff: Victim-Blaming. Oder auch Blaming-the-Victim, zu Deutsch Täter-Opfer-Umkehr. Oder Opferbeschuldigung. Die Beschreibung für ein Vorgehen, das die Schuld für einen Übergriff beim Opfer selbst sucht. Eines muss immer klar sein: Für unmenschliches, unmoralisches, zerstörerisches Verhalten anderen Menschen gegenüber gibt es niemals eine Entschuldigung. Und auch keine Rechtfertigung etwa dadurch, dass jemand »anders« ist.

Bei Diskussionen mit jungen Menschen zum Thema Mobbing wird auch rasch klar, worauf potentielle Täter besonders »anspringen«, soll heißen, welche Umstände es ausmachen, dass jemand bevorzugt zum Mobbing-Opfer auserkoren wird. Nämlich:

☞ Er oder sie trägt keine Markenkleidung
☞ Er oder sie trägt eine Brille (womöglich noch mit dicken Gläsern)
☞ Er oder sie ist auffallend groß oder klein, dick oder dünn
☞ Er oder sie ist generell ein uncooler Typ

Wichtig ist den Kindern und Jugendlichen Folgendes klar zu machen:

Mobbing kann jeden treffen –
es hängt nur vom sozialen Umfeld ab!

Die Pfeile auf dem Diagramm symbolisieren folglich den Druck, den Täter ausüben. Doch wie sieht dieser Druck aus?

Kleine Hänseleien. Auf den ersten Blick. Durchwegs – für sich genommen – lauter Kleinigkeiten. Wie Nadelstiche. Doch es sind besondere Nadelstiche, denn sie erfolgen täglich. Und sie sind extrem schmerzhaft. Somit lässt sich auch sagen:

Mobbing ist die Summe von Kleinigkeiten,
die Summe von Nadelstichen.

Auch darum ist Mobbing für Lehrkräfte oft so schwer zu erkennen – ohne deshalb gleich eine Ausrede mitliefern zu wollen.

Tatsache ist, und es kann nicht oft genug wiederholt werden: Mobbing erzeugt tiefstes Leid. Mobbing hat das Potential, Menschen für den Rest ihres Lebens zu schädigen. Mobbing zerfrisst den Selbstwert von Menschen. Dieser Selbstwert ist der Nährboden für alle anderen »Selbst-« eines Menschen:

Selbst-vertrauen, Selbst-wirksamkeit, Selbst-gefühl, Selbst-sicherheit.

In seinem Buch über das Geheimnis der Spiegelneuronen schreibt Universitätsprofessor Joachim Bauer, dass

»(...) der absichtsvolle, andauernde Entzug der spiegelnden Wahrnehmung und der systematische Ausschluss aus dem Raum der sozialen Zugehörigkeit, Akte der biologischen Vernichtung sind. Die Erfahrung, aus der menschlichen Gemeinschaft ausgestoßen zu werden, aus dem sozialen Resonanzraum herauszufallen, hat nachgewiesene neurobiologische Effekte. Das kann Krankheit, im Extremfall den Tod bedeuten, wie sich überall dort zeigt, wo Personen von der Gemeinschaft absichtlich und dauerhaft ausgegrenzt werden.

Ausgrenzung bedeutet die systematische Verweigerung der spiegelnden Verhaltensweisen im Alltag, mit denen wir uns unwillkürlich gegenseitig anzeigen, dass wir den anderen als zugehörig zum gemeinsamen sozialen Bedeutungsraum betrachten. Sie betreffen alle Varianten der Spiegelung. Verweigert werden zunächst einmal intuitive körpersprachliche Signale wie eine kurze Resonanzreaktion beim Vorübergehen oder der Blickkontakt. Wenn solche Signale ausbleiben, fühlt sich der Betroffene wie von einer Eiswand umgeben.«[13]

Warum sind wir Menschen so sehr auf diese Art von Kommunikation angewiesen?

Natürlich, das hat mit der Evolution zu tun. Denn es gab bekanntlich Zeiten, da der Mensch noch keine Sprache hatte. Gerade da war es überlebenswichtig, anhand der Körpersprache des Gegenübers Rückschlüsse zu ziehen, die Augen des anderen zu suchen, um darin zu lesen. Andernfalls hätte es sehr rasch den eigenen Tod bedeuten können.

---

13 Joachim Bauer, „Warum ich fühle, was du fühlst: Intuitive Kommunikation und das Geheimnis der Spiegelneuronen"

Mobbing im Netz – ein Trauma ohne Ende

Rufen wir uns noch einmal kurz in Erinnerung, wie Heinz Leymann Mobbing definiert hat:

»Der Begriff Mobbing beschreibt negative kommunikative Handlungen, die gegen eine Person gerichtet sind (von einer oder mehreren anderen) und die sehr oft über einen längeren Zeitraum hinaus vorkommen und damit die Beziehung zwischen Täter und Opfer kennzeichnen.«

Wovon Leymann spricht, ist das klassische Mobbing. Also Mobbing, das in der analogen Welt angewandt wird. Begeben wir uns jedoch in den virtuellen Raum, legt der Effekt von Mobbing oder Cyberbullying noch einmal ordentlich an Dramatik zu.

Definiert wird Cybermobbing oder Cyberbullying wiefolgt:

»Handlungen oder Verhaltensweisen einer oder mehrerer Personen gegenüber einer anderen Person, die das konkrete Ziel haben, diese Person zu schädigen oder zu verletzen, und die über einen längeren Zeitraum ausgeübt werden und dies unter Zuhilfenahme von Sozialen Medien, über PC, Tablet oder Smartphone.«

Was unterscheidet nun klassisches Mobbing von Cyberbullying?

So viel kann ich Ihnen jetzt schon sagen: Mobbing im Cyber-Raum zeitigt ganz besonders traumatische Auswirkungen, denn die Anzahl der sogenannten Stressoren steigt im Vergleich zum klassischen Mobbing dramatisch an. Dadurch verschiebt sich die Einschätzung des Mobbings automatisch, es kommt zu einer massiven Bewertungsveränderung.

Aber was ist auf einmal so anders,
wenn Mobbing sich in den Cyberspace verlegt?

Der Faktor Zeit: Klassisches Mobbing von Angesicht zu Angesicht bedeutet nämlich immer auch, dass es »Ruhephasen« gibt. Beim Cyberbullying ist davon keine Rede. Cyberbullying bedeutet, 24 Stunden am Tag angreifbar zu sein und auch angegriffen zu werden.

Der Faktor Gewalt: Auch hierin manifestiert sich der Unterschied klar. Das Gewalterleben der Opfer ändert sich, indem reale Gewalt in der analogen Welt mit virtueller Gewalt in der digitalen Welt verknüpft, und damit praktisch ergänzt wird. Wird beispielsweise in der analogen Welt jemand Opfer einer Smack-Cam-Attacke, so gesellt sich zu der bereits erlebten körperlichen Gewalt jene psychische Gewalt hinzu, die durch ein vom Angriff angefertigtes Video immer wieder aufs Neue belebt wird.

Auch kommt es zu einem Entmoralisierungs-Prozess (wir haben bereits kurz davon gehört). Ein Begriff, der übrigens im Jahr 2011 von der Professorin Mariola Sulkowska-Janowska geprägt wurde und dafür steht: das Abstumpfen gegenüber Bildern, die Grausamkeiten aller Art an Menschen zeigen, oder auch, wenn es zu direkten Beobachtungen brutaler Handlungen kommt – etwa über eine Webcam. Fazit:

Im Internet jemanden fertigzumachen,
ist für die Täter bedeutend einfacher. Und effektiver.

Obendrein ist die Gefahr, erwischt zu werden um einiges geringer als im sogenannten echten Leben. Eine typische Vorgehensweise bei Cyberbullying wird durch folgenden Begriff zusammengefasst:

Doxing.

Darunter versteht man das systematische Zusammensuchen und Sammeln von diversen Informationen (sogenannten personenbezogenen Daten) über ein potentielles Opfer im Internet, um diese Daten hinterher massiert zu veröffentlichen.

Das Ziel ist allein, jemanden zu belästigen
oder gleich bösartig bloßzustellen.

Eines ist mittlerweile auch offenkundig: Aggressives Verhalten in Sozialen Medien ist nicht etwa die Ausnahme, sondern längst die Regel geworden (dazu ausführlicher etwas später im Kapitel über Hassreden, sogenannte Hate-Speeches). Auch hat der virtuelle Voyeurismus (Sensation-Seeking) in das Leben der Menschen Einzug gehalten, er ist fast schon zu so etwas wie einem Normalzustand geworden. Und so ergibt sich eine völlig neue Opfersituation in Sachen Mobbing. Opfer werden gleichsam in der Endlosschleife traumatisiert (Endlos-Viktimisierung) und wesentlich stärker belastet. Und als wäre all das nicht genug, tut die bereits angesprochene Hilflosigkeit vieler Lehrkräfte in Sachen Medienkompetenz ihr Übriges.

Cyberbullying – was das mit einem Schlag ändert

Wie unendlich wichtig es ist, dass Kinder und Jugendliche kompetente Ansprechpartner haben, an die sie sich im Notfall jederzeit wenden können und wie sehr das Leben eines Opfers durch Cyberbullying beeinträchtigt oder gar zerstört wird, zeigt diese Auflistung wesentlicher Veränderungen, die damit in der Regel einhergehen:

☞ Veröffentlichung peinlicher Fotos oder Videos (oftmals Fake) – die Ablehnung von Freundschaftsanfragen ist die Folge.

☞ Der systematische Ausschluss aus Gruppen (Facebook, WhatsApp et cetera): Das bedeutet nichts anderes als soziale Isolierung. Außerdem werden zumeist online üble, verleumderische Gerüchte in Umlauf gesetzt und Online-Beschimpfungen auf die Reise geschickt.

☞ Täter verlinken Opfer-Profile oder Websites mit anderen, verfänglichen Webinhalten (zum Beispiel Schwulen- und Lesbenpornos et cetera).

☞ Hassgruppen auf WhatsApp werden gebildet

☞ Durch den besonders hohen Anonymitätsgrad der Täter steigt die Angst der Opfer zusätzlich an. Denn sie sehen kein Licht. Lösungsstrategien, um dieser Hölle zu entrinnen, scheinen in unerreichbarer Ferne.

☞ Zugleich macht den Betroffenen die enorme Öffentlichkeitswirksamkeit solcher Attacken zu schaffen. Das Publikum wirksam inszenierter Cyberbullying-Attacken ist ein weltweites. Das Opferdasein endet so gut wie nie. Und die Täter dringen mit ihren Angriffen gleichsam in den intimsten Lebensbereich der Opfer vor – bis nachhause ins eigene Zimmer.

☞ Soziale Kränkungen und/oder Verlust einer bedeutenden Bezugsperson – beides sind immer wieder Suizidauslöser.

Besonders gefährlich sind die Akutphasen von Cyberbullying. Sie können in Extremfällen zum Selbstmord eines Kindes führen. Etwa durch den Verlust einer bedeutenden Bezugsperson oder durch massive soziale Kränkungen – hier sei uns der dramatische Freitod von Joël Horn in Erinnerung gerufen.

Der 13 Jahre alte Bub aus Kärnten wurde lange Zeit wegen seiner Leibesfülle massiv gemobbt. Obendrein galt

er als der Uncoole mit den immer hässlichen Klamotten.
Und dann geschah, was seine Mutter Michaela Horn in
einem YouTube-Video mit diesen Worten schilderte:
»Joël saß vor dem PC, und plötzlich sah er, dass sein
Profil mit einer Schwulenseite verlinkt war.« Ein Unbe-
kannter hatte ihn im Netz als homosexuell verleumdet.
Joël hatte gerade Besuch von einem Freund, als er die
Entdeckung machte. Sein Freund ging kurz aus dem
Zimmer – und als er wiederkehrte, war Joël verschwun-
den. Das Fenster stand offen. Joël war ins Freie geklet-
tert, hatte sich auf die Gleise der nahen Bahnstrecke gelegt und auf den Zug gewartet.

Die nachfolgende Skizze zeigt die Dramaturgie rund um
Joëls Stressanstieg auf einen Blick.

Stressintensität - Kumulation

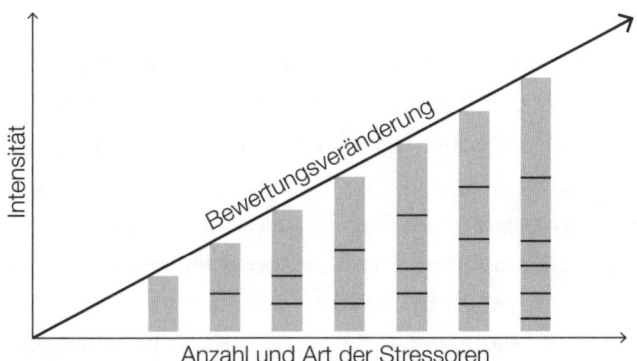

107

Was geschieht?

Joël sieht auf dem PC-Bildschirm, dass er mit einer Schwulenseite verlinkt wurde. Das bedeutet: Er nimmt die Verlinkung wahr. Die Anzahl der Stressoren, die er bis dahin schon tagtäglich erdulden musste, hatten bereits zu einer Bewertungsveränderung geführt. Joël hatte also mit einer Anstau-Hilflosigkeit zu kämpfen.

Er sieht also die Verlinkung. Es kommt zu einem Medienopfersyndrom, das sich in einer Existenz- und Todesangst äußert. Vor allem auch in Hinblick auf seine soziale Situation. Seine Ausgegrenztheit, unter der er zu diesem Zeitpunkt bereits leidet. Alles steht auf dem Spiel. Seine soziale Stellung, sein Ansehen, seine sozialen Kontakte.

Hinzu kommt das immer stärkere Gefühl, alleingelassen zu sein. Dass niemand da ist, um ihm zu helfen. Die ganze Welt kann auf den Link mit der Schwulenseite klicken – und er, Joël, weiß nicht einmal, wer das bereits getan hat und ihn nun als schwul ansieht.

Hinzu kommt: Natürlich weiß ein Junge wie Joël bereits, dass das Internet nichts vergisst. Dass alles vermeintlich Gelöschte irgendwann, irgendwo von irgendwem wieder ausgegraben und neu belebt werden kann. Sein Bewusstsein von Zugehörigkeit ist zersplittert und zerstört. Ebenso jenes von Autonomie, von Sicherheit und Geborgenheit in der Welt, wie auch von der Unverletzlichkeit des eigenen Selbst, von Handlungsfähigkeit und Kontrolle.

Was ist die Folge?
Angst. Panik. Steigender Kontrollverlust. Hilflosigkeit. Und dann nur noch dieser eine, schreckliche Ausweg: Joël legt sich vor den heranrasenden Zug.

> **Tipp**
> Hören Sie auf das Schrillen der Alarmglocken, wenn Sie in einem Gespräch das Gefühl haben, jemand könnte Opfer von Cyberbullying sein. Fragen Sie gezielt nach. Stellen Sie auch die Frage nach Suizidgedanken – insbesondere, wenn Sie selbst den Eindruck haben, dass es so sein könnte. Falsch machen können Sie nur etwas, wenn Sie nichts machen.

Die drei Phasen eines Suizids erkennen

1. *Erwägungsphase*: Sie ist üblicherweise unbedenklich. So gut wie jeder Mensch macht sie in seinem Leben das eine oder andere Mal durch. Allein schon, weil man sich irgendwann auch mit dem eigenen Tod beschäftigt.
2. *Abwägungsphase*: Hier kommen Gedanken wie dieser auf:»Wäre es nicht gescheiter, ich würde mir das Leben nehmen? Dann hätte das Leiden wenigstens ein Ende!« Sobald sich dieser Gedanke festsetzt, brauchen Betroffene unbedingt professionelle Hilfe.
3. *Entschlussphase*: Die letzte und dramatischste Phase. Der Entschluss, Schluss zu machen, ist gefasst. Ist es

einmal so weit, werden Sie mit der Frage »Denkst du an Selbstmord?« nichts mehr bewirken – schon gar nicht, dass der Betroffene davon ablässt.

Menschen, die tatsächlich beschlossen haben, ihrem Leben ein Ende zu setzen, setzen auch deutliche Zeichen, die wir erkennen können, zum Beispiel:

☞ Rückzug aus den Sozialen Medien, allgemein aus der Onlinewelt. Sie melden sich oftmals bei Portalen ab.

☞ Sie verschenken Lieblingsgegenstände

☞ Sie wirken nach lange anhaltenden Depressionsphasen auf einmal wieder »wie durch ein Wunder« glücklich, oder verfallen eher ins Gegenteil, denn:

☞ Sie haben unmotivierte Wutanfälle, kündigen Freundschaften auf und vieles mehr.

Immer wieder ist zu hören, Täter wären selbst schwach – als wollte man damit ihr Verhalten gleich einmal vorneweg entschuldigen. Dazu kann ich aus meiner Erfahrung nur sagen: Täter sind zumeist alles andere als schwach, denn sie verfügen über zwei wesentliche Stärken.

Erstens sind sie intelligent genug, sich raffinierte Mobbing-Strategien auszudenken und zweitens verfügen sie über emotionale Intelligenz.

Warum ist das von Bedeutung?

Ganz einfach. Weil sich damit – sozusagen hinterher, wenn jemand als Täter ausgeforscht ist – auch erfolgreiche Täterarbeit leisten lässt. Zahlreichen Untersuchungen zufolge werden Täter folgendermaßen eingeteilt:

☞ Die Vom-Opfer-zum-Täter-Geschichte: Fünf bis zehn Prozent aller aktiven Mobber waren selbst einmal Opfer von Mobbing-Attacken. Ihre Strategie lautet nun: Angriff. Um nicht selbst wieder in die alte Rolle schlüpfen zu müssen.

☞ Die Spaß-Mobber: Zwölf Prozent (so will es die Statistik) weiden sich regelrecht am Leiden ihrer Opfer. Sie empfinden es als lustig. Für diese Gruppe gilt uneingeschränkt: Therapeutische beziehungsweise psychiatrische Hilfe ist dringend vonnöten.

☞ Die Machtbesessenen: Die eigene Erhöhung durch die Erniedrigung anderer, das klassische Motiv, das wir zum Beispiel auch aus der Arbeitswelt kennen, ist für sehr viele Mobber die Antriebsfeder ihres Handelns.

☞ Die Coping-Strategen: Darunter versteht man eine sogenannte Bewältigungsstrategie für die Ist-Situation. Um vom eigentlichen Problem abzulenken, lenken sie den Fokus auf die momentane Tat. Was Sie sich darunter vorstellen können?

Aus der Praxis

Wir befinden uns an einer Schule, wo ich ein Jahresprojekt durchgeführt habe. Dort gab es einen überaus verhaltensauffälligen Schüler. Nennen wir ihn Franz.

Franz war Experte darin, andere zu mobben, sie körperlich und seelisch zu verletzen. Der Direktor bat mich um Folgendes: »Führen Sie doch bitte mit Franz ein Gespräch. Vielleicht ...«

Franz war nach den Vorfällen (Attacken gegen eine Mitschülerin) vorübergehend vom Unterricht suspendiert worden. Eine harte Maßnahme, die nicht so ohne weiteres ausgesprochen wird. Der Direktor wusste, dass ich zu Franz einen guten Draht hatte.

Also versuchte ich, auf Franz und seine eigene Situation etwas genauer einzugehen. Als wir ins Gespräch vertieft waren, spürte ich auf einmal, wie eine große Traurigkeit von mir Besitz ergriff. Meine Erfahrung sagte mir nur: Womöglich handelt es sich hierbei um ein sogenanntes Übertragungsgefühl, also fragte ich Franz:

»Bist du gerade traurig? Ich selbst spüre nämlich gerade starke Traurigkeit, von der ich so gar nicht weiß, wo sie herkommt. Kann es sein, dass das deine Traurigkeit ist?« (diese Technik des Fragens nennt sich zirkulär, das ist bei der Art von Gesprächsführung besonders wichtig).

Von da an zeigte Franz heftige Reaktionen. Die Muskeln in seinem Gesicht begannen wie wild zu zucken. Auch konnte er nicht mehr ruhig sitzen. Dann wieder wurde er von Weinkämpfen geschüttelt. Alles brach nun aus ihm heraus. Seine ganze Lebensmisere. Dass Vater und Mutter vor der Trennung stünden. Dass der Vater eine Zweitwohnung habe, wo er sich jedes Wochenende mit seiner Freundin treffe. Dass er seine Eltern über alles liebe und die Vorstellung, den Vater nicht mehr oder kaum noch zu sehen, ein Alptraum für ihn sei. Und dass seine Mutter immer wieder zu ihm sage:»Gell, Franz, wir wollen nicht, dass der Papa uns verlässt!?«

»Glaubst du, dass dein Vater bei euch bleibt, wenn es in der Schule Probleme gibt?«, fragte ich.

Franz lieferte prompt die Antwort. Weil er ein Gespräch heimlich mitangehört habe, worin sein Vater sagte:»Glaubst du wirklich, ich bin so ein Schwein und lasse dich im Stich, solange Franz solche Schwierigkeiten macht?«

Alles klar?

Franz tat, was Franz tun musste. Nämlich seinen größtmöglichen persönlichen Gewinn erzielen. Den Königsweg dorthin sah er darin, die aus seiner Sicht sinnstiftenden Tätigkeiten in der Schule mit aller Kraft fortzusetzen. Also weiterhin»schlimm« zu sein, zu mobben, was das Zeug hielt. Sich aufzuführen. So lange er das tat, konnte er nun sicher sein, würde sein Papa nie und nimmer das Weite suchen. Dass er selbst dadurch negative Gefühle erntet, ist für Franz bestenfalls zweitrangig. Er will die Beziehung seiner Eltern. Und er will sie um jeden Preis. Ob positiv oder negativ. Ganz egal.

Heute noch treibt es mir die Tränen in die Augen, wenn ich an diesen jungen Mann denke.

Fakt ist – und das zeigt auch Franz' Beispiel klar auf: Vor allem die emotionale Intelligenz ist ein bedeutender Faktor bei Mobbing. Wer gezielt mobbt, besitzt zumeist die Fähigkeit, sich aus einer großen Gruppe jene herauszufiltern, die am wenigsten wehrhaft sind. Wer gezielt mobbt, versteht es blendend, die Schwachstellen zu lokalisieren, mit der Mobbing-Nadel hineinzustechen und daraus seinen ganz persönlichen Vorteil oder Lustgewinn zu ziehen. Genau das tat Franz nämlich auch.

Um beim Beispiel Schule zu bleiben: Professionelle Mobber brauchen auch genau dieses Maß an Intelligenz. Anders wären sie gar nicht in der Lage, sich Tag für Tag neue Opfer zu suchen, um sich für diese Opfer stets neue »Drehbücher des Quälens« zu überlegen – vor allem, weil sie ihr Ziel nicht nur systematisch fertigmachen wollen, sondern auf eine perfid versteckte Weise, sodass Lehrer es nicht entdecken.

Mobbing lebt vom Publikum

Was denken Sie – wie hoch liegt wohl die Zahl der Zuschauer und Wegschauer bei Mobbing in einer Schulklasse?

Es sind vier von fünf, also 80 bis 85 Prozent.

Sie sind, wir haben es gehört, die Ermöglicher. Verantwortlich dafür, dass Mobbing überhaupt entsteht und eine Bühne bekommt.

Mit Mobbing ist es wie im Theater:
Welcher Regisseur würde ein Stück inszenieren
und zur Aufführung bringen, wenn er wüsste,
dass er kein Publikum hat?

Mobbing funktioniert nach demselben Strickmuster. Weil es Zuschauer und Wegschauer gibt. Weil sie es sind, vor denen ein Mobber seine ganze Macht demonstrieren und sich im Erfolg seines schändlichen Treibens sonnen kann.

Untersuchungen haben dies ergeben: Eine überwiegende Mehrheit aller Kinder und Jugendlichen sagt: »Nein, wir sind nicht mit Mobbing einverstanden.« Und: »Ja, die Opfer tun uns auch leid.«

Aber: Aus Angst, selbst auf die Liste geraten zu können, also selbst gemobbt zu werden, verharren sie in der Zuschauerwarte, verhalten sich still und greifen nicht helfend ein.

Sind Zuschauer und Wegschauer dasselbe?

Nein. Wegschauer bilden eher die Gruppe der Egoisten, soll heißen: Sie kümmern sich gar nicht erst groß darum, was in der Klasse so vorgeht. Ihr Interesse gilt in erster Linie ihnen selbst. Sie schauen also ganz bewusst oder auch unbewusst weg, um nur nicht helfen zu müssen. Menschen mit Zivilcourage – das ist leider meine auf jahrzehntelanger Erfahrung basierende, nüchterne Erkenntnis – werden immer weniger.

Die Stellung der Beitragstäter indes ist völlig klar: Sie befinden sich in einer Art Sicherheitsposition. Sie wird gewählt (ob bewusst oder unbewusst ist den Betroffenen oft selbst nicht ganz klar), doch sie erfüllt diesen Zweck:

Bloß nicht selbst ins Visier
der Mobber geraten.

Lieber gute Miene zum bösen Spiel machen. Auch wenn es einem so gar nicht passt, was da geschieht. Alles ist besser, als selbst in den Fokus der Attacken zu gelangen. Selbst wenn das Opfer ein wirklich guter Freund ist. Oder das wenigstens glaubt.

Denken Sie kurz zurück an das Mobbing-Diagramm. Es geht nun nochmals darum, dass Lehrer bekanntlich die Verantwortung für ihre Klassen haben – eine sogenannte Garantenpflicht. Ist Ihnen aufgefallen, dass beim Klassenvorstand zwei Pfeile eingezeichnet waren? (Wobei gesagt werden muss: Die Zahl derer, die sich auch beider Pfeile bedienen, wie nun erörtert wird, ist gottlob sehr gering).

Jedenfalls ... hier die Bedeutung der einzelnen Pfeile:

Kein Pfeil bedeutet, der Pädagoge merkt gar nichts vom Mobbing.

Ein Pfeil nach unten bedeutet, die Lehrkraft bemerkt den Vorfall zwar, unternimmt aber nichts, macht sich somit zum Ermöglicher, lässt Mobbing also zu. Das wäre etwa der Fall, wenn ein Schüler bereits mit dem Etikett »lästig« versehen ist.

Ein Pfeil nach oben bedeutet, der Lehrer bekommt mit, was vor sich geht, tut jedoch so, als würde er nichts davon bemerken. Er sieht wider besseren Wissens weg und lässt genau dadurch Mobbing erst zu. »Gibt's nicht«, sagen Sie? Leider doch. Beispielsweise, wenn Lehrer mit sich selbst so sehr zu kämpfen haben (zum Beispiel Burnout) und so viel Kraft dafür aufwenden müssen, den schulischen Alltag noch irgendwie runter zu biegen, dass ihre Kraft nicht mehr ausreicht, gegen einen offensichtlichen Fall von Mobbing vorzugehen.

Eine Art Vogel-Strauß-Politik also. Kopf in den Sand.

Der Einschlag des Bumerangs ist vorprogrammiert. Weil das Wissen, sowohl menschlich, wie auch in pädagogischer Hinsicht durch Wegsehen zu versagen, den Betroffenen nicht erspart bleibt, weil es auch entsprechend an ihnen nagt. Und eine ohnedies angeschlagene Psyche wird durch ein schlechtes Gewissen nur zusätzlich belastet.

Ein Teufelskreis.

GEWALTSPIELE UND FILME –
SIND SIE DIE QUELLE ALLEN ÜBELS?

Auch wenn die Medien es gerne so hätten: Ego-Shooter-Spiele machen noch lange keine Amokläufer aus unseren Kindern. Die Ursachen für Gewalt liegen tiefer, sind bedeutend vielschichtiger. Dennoch ist Vorsicht geboten: Die Dosis macht das Gift.

*Wer hat unseren Kindern das
Töten beigebracht?*

Das frage nicht ich Sie. Vielmehr ist das der Titel eines Buches des US-Militärpsychologen Dave Grossman aus dem Jahr 2003.

Der Titel des Werkes steht als Sinnbild dafür, dass Medien – ob Print, ob Fernsehen und Radio, ob Digital – uns mit einer gehörigen Portion Alarmismus eines beharrlich weismachen wollen: Jugendliche von heute sind potentielle Amokläufer. Sie würden, heißt es, zu School-Shootern, weil sie sich ständig Horrorfilme reinziehen und am Computer Ego-Shooter spielen.

Das ist nichts als ein großer Unsinn.

Es stellt dies – so meine felsenfeste Überzeugung – bloß den untauglichen Versuch dar, natürlich schreckliche und natürlich oft auch unbegreifliche Handlungen auf einen einfachen Nenner zu bringen. Der Versuch, solche Taten durch grobe Vereinfachung der Umstände und unzulässige Verallgemeinerungen in ein gefälliges Raster zu legen.

Weltweit gibt es einige Hundert Millionen junge Menschen, die Ego-Shooter lieben und regelmäßig spielen. Noch mehr sehen sich regelmäßig Horrorfilme an. Und die Zahl der Amokläufe und School-Shootings? Sie ist Gott sei Dank immer noch sehr, sehr gering. Nicht, dass ich hier nun den Ego-Shootern das Wort reden würde. Im Gegenteil. Sie sind, wie wir gleich sehen werden, oft genug hoch problematisch. Doch ihnen allein den Schwarzen Peter zuzuschieben, wäre viel zu einfach und billig.

Greifen wir stattdessen ein paar Jahrzehnte zurück in die Vergangenheit. Das Fernsehen wurde erst so richtig für die Massen interessant, als Sex und Crime Einzug hielten. Seither hat sich viel getan: Großraumkinos. 70-Zoll-Fernseher. Amazon Prime. Netflix. Und so weiter. Es ist vieles in Bewegung.

Anfangs gab es die sogenannten Snuff-Filme. Filme also, die die Ermordung eines Menschen im Detail abbildeten, um die Zuseher genau dadurch zu »unterhalten«. Klingt auf den ersten Blick schrecklich, war aber auch damals schon ein alter Hut, neu aufgesetzt mit den modernen Mitteln der Kommunikation. Weil die Menschheit sich bekanntlich immer schon daran erregt, schauderhafte Dinge zu tun und zu betrachten. Im Mittelalter beispielsweise waren jene Feste die bestbesuchten, wo es auch Hinrichtungen gab. Und so waren die ersten Snuff-Filme, die im Kino liefen, Zombie-Filme. Auch bei

Winnetou wurde vor laufender Kamera gemordet. Und dann gab es (sie alle aus den 1970er-Jahren) natürlich noch diese legendäre Serie:

Gesichter des Todes

Dann kamen die Splatter-Filme. Horrorfilme, bei denen das Augenmerk auf exzessiver Gewalt mit möglichst viel Blut liegt. *Splatt* kommt aus dem Englischen und bedeutet nichts anderes als: spritzen. Das Spritzen von Blut.

Und dann – als hoffentlich letzte, nicht mehr zu steigernde Stufe – die Gore-Filme. Sie zeigen detailliert das Ausweiden von Menschen, das Waten in Gedärmen und andere, ähnlich abartige Szenarien. Zum Beispiel so Streifen wie *Saw 1* bis *Saw 7*, oder *Der Kannibale von Rotenburg*.

Völlig zu Recht tragen solche Filme das Logo der *Freiwilligen Selbstkontrolle* (FSK) mit dem 18-Jahre-Vermerk. Wer jünger ist, sollte tatsächlich nicht damit in Berührung kommen. Heranwachsende sind mit dieser Art von Gewalt aufs Äußerste überfordert, wissen oft gar nicht, wohin mit den Bildern, die sie vorgesetzt bekommen.

Beim *Kannibalen von Rotenburg* basiert der Filmstoff überhaupt auf einer realen Begebenheit. Viele von Ihnen werden sich bestimmt erinnern. Zigtausende strömten in die Kinos, um diese an Abscheulichkeit nicht zu überbietenden Szenen zu sehen.

Altersgrenzen sind also unbedingt einzuhalten – doch dass diese Altersgrenzen immer wieder zu hinterfragen sind, zeigt auch folgende Erfahrung, die ich als vierfacher Vater selbst gemacht habe.

Aus der Praxis

Hier dreht es sich um *Fack ju Göhte 2*. Dieser Film lief 2016 in den Kinos und wurde von der Kommission ab 12 Jahren freigegeben. Nicht, dass ich übermäßig prüde wäre, doch da gibt es unter anderem diese Szene: Die Schulklasse ist in Thailand und besucht eine »Pussy-Show«. Muss mein Sohn mit 12 Jahren sehen, wie eine Frau aus ihrer Vagina Tischtennisbälle abfeuert?

Oder auch dieses Beispiel, das an mich herangetragen wurde und das zeigt, dass wir bei scheinbar noch so harmlosen Szenen als Eltern gefordert sind.

Aus der Praxis

Max ist drei Jahre alt. Max hat von seinen Eltern die Erlaubnis, abends das Sandmännchen zu schauen. Hinterher noch die Zeichentrickserie In einem Land vor unserer Zeit.

Eines Abends versteckt Max sich plötzlich während des Fernsehens unter der Decke.

Warum?

Max hatte gesehen, wie der kleine Dinosaurier Littlefoot vom riesigen Scharfzahn, einem Tyrannosaurus Rex, gejagt wurde. Die Szene ließ Max nicht mehr los, in den Folgenächten konnte er nicht mehr schlafen, fürchtete sich unentwegt.

Was taten die Eltern?

Sie zeigten Max auf Wikipedia den Tyrannosaurus Rex. Und erklärten ihm, dass er (wie alle anderen Saurier auch) längst ausgestorben ist. Viele Fragen folgten. Doch endlich erhielt Max die Antworten auf seine Fragen, die ihn wieder ruhig schlafen ließen.

Zeichentrickfilme machen Gewalt salonfähig

Zeichentrickfilme und Gewalt sind »alte Freunde«. Verpackt in lustige Szenen, wird Gewalt verharmlost und salonfähig gemacht. Denken Sie nur an die legendären Hetzjagden von Katz und Maus in *Tom und Jerry*.

Heute wissen wir: Zeichentrickfilme[14] beeinflussen vor allem Buben in ihrer Entwicklung sehr viel stärker, als bisher angenommen und auch viel mehr, als wir wahrhaben wollen. So belegt etwa eine Studie, veröffentlicht in der medizinischen Fachzeitschrift Pediatrics[15], dass zwei- bis fünfjährige Buben, die regelmäßig Cartoons (oder Kampfsportarten) im Fernsehen sehen, später signifikant stärker gefährdet sind, aggressiver oder unge-

---

14 https://www.welt.de/wissenschaft/article1335297/Zeichentrickfilmemachen-kleine-Kinder-aggressiv.html; 21.02.2018

15 http://pediatrics.aappublications.org/content/120/5/993; 21.02.2018

horsamer zu sein als Kinder desselben Alters, die ohne diese stete Gewalt-Berieselung aufgewachsen sind.

»Die meisten Eltern halten Zeichentrickfilme immer noch für harmlos.«, sagt Dimitri Christakis vom Kinderspital in Seattle im Nordwesten der USA. »Weil diese Filme witzig und sowieso mit der Wirklichkeit nichts zu tun haben.« So der Glaube der Eltern.

Tatsächlich seien, so Christakis aufgrund seiner Erfahrungen, diese Filme gerade deshalb so gefährlich. Weil sie vortäuschen, die Helden ihrer Geschichten könnten alle Abenteuer noch so starker Gewaltdarstellung unbeschadet überstehen.

Was macht das mit den kleinen Zusehern?

Christakis: »Es hinterlässt bei den kleinen Zuschauern ein falsches Bild davon, was Gewalt im wirklichen Leben anrichtet.« Vor allem kleine Jungen sind auf diese Weise leicht zu beeinflussen. Bei gleichaltrigen Mädchen, die mit denselben Filmen konfrontiert wurden, war hingegen kein Anstieg unsozialen Verhaltens zu bemerken.

Die Kernbotschaft:

Kleine Kinder sind nicht in der Lage,
solche Inhalte richtig zu verstehen
und zu verarbeiten.

Bis zum dritten Lebensjahr sollten Kinder, so Experten heute, überhaupt nur maximal 15 Minuten täglich fernsehen dürfen. Erst mit sieben Jahren begännen sie – je nach Entwicklung –, zwischen realen und virtuellen Inhalten zu unterscheiden. Genau darum fürchten sich kleine Kinder auch oftmals bei Zeichentrickfilmen. Überhaupt würden zu lange Bildschirmzeiten Kinder übermäßig belasten und schädigen.

Aus der Praxis

Ich erinnere mich daran, als ob es gestern gewesen wäre: Ich war zehn Jahre alt. Meine Eltern gingen am Abend weg und ließen mich – zum ersten Mal überhaupt – allein zuhause. Wir wohnten damals in einem Mehrparteienhaus. Es war also kein Problem, denn die Nachbarin wusste Bescheid.

Kaum waren die Eltern außer Haus, hing ich (natürlich verbotenerweise) vor dem Fernseher. Es lief der Streifen Dracula mit Christopher Lee in der Hauptrolle. Damals noch in Schwarz-weiß. Ich war wie gebannt, konnte mich nicht losreißen. An manchen Stellen riss ich instinktiv die Hände empor, verdeckte mir die Augen.

Zwei Jahre lang hatte ich mit den Folgen dieses »Fernseh-Abenteuers« massiv zu kämpfen. Immer wenn es dunkel war und ich mit dem Hund raus oder auch in den Keller musste, hatte ich panische Angst. Meinen Eltern konnte und wollte ich mich nicht anvertrauen. Was blieb?

Ich musste mit den schrecklichen Bildern in meinem Kopf leben. Natürlich weiß der erfahrene Vampirkiller, wie man sich gegen Vampire zur Wehr setzen kann.

Manchmal spukte mir auch die Vorstellung durch den Kopf, mich mit Knoblauchkranz und Holzkreuz um den Hals auszustatten, um jederzeit gerüstet zu sein. Und obendrein – sicher ist sicher – einen zugespitzten Holzpflock und einen großen Hammer in der Hand. Meine Schulkollegen hätten wohl wenig Verständnis dafür gezeigt.

Als ich 16 Jahre alt war, fuhr ich eines Tages mit dem Moped nach Bad Ischl ins Kino. Bruce Lee stand auf dem Programm. Ich war damals Judoka und ein Riesenfan von Bruce Lee. Nach dem Film, gegen 22 Uhr, verließ ich das Kino mit dem Gefühl, gleichsam die Reinkarnation oder eine Kopie meines Helden Bruce zu sein.

Gleich ums Eck standen einige Plakatständer. Die Versuchung war zu groß. Sie standen mir spontan als Feinde Pate – ein paar gekonnte Side-Kicks, und schon knallten sie unter Getöse auf den Asphalt.

Meine Kampfsportkünste blieben nicht unbemerkt. Denn gleich nebenan war die örtliche Polizeistation. Ein hünenhafter Stadtpolizist baute sich plötzlich vor mir auf, packte mich am Kragen, schüttelte mich durch und schimpfte mich nach allen Regeln der Kunst. Auf einmal war der Bruce Lee in mir zerplatzt, ich selbst ein Häufchen Elend. Kleinlaut stellte ich die Ständer wieder auf, entschuldigte mich und fuhr mit dem Gefühl nachhause, ganz locker in einen Schuhkarton zu passen. So klein war ich.

Was will ich Ihnen damit erzählen? Ganz einfach. Spiele und Filme erzeugen Emotionen. Sie wecken Wünsche und Ängste. Sie erzeugen Effekte, die oft kurzfristige, mitunter aber auch langfristige Auswirkungen haben. Und gerade für Kinder bedeutet das: Werden sie mit den Bildern aus Horrorfilmen und Co. gespeist, leben diese ungleich hartnäckiger als bei Erwachsenen in ihnen fort. Die Zeit des Verarbeitens ist entsprechend länger.

Ego-Shooter: Kleine Teile des Puzzles Gewalt

Die Zahl der Ego-Shooter und anderer Gewaltspiele ist kaum noch überschaubar. Somit auch die Zahl jener, die sich durch extreme Brutalität auszeichnen.

Bei Ego-Shootern (*Ego* bedeutet Ich, und *Shooter* Schießer, im Englischen übrigens FPS genannt, *First-Person-Shooter*) handelt es sich um Computerspiele, in denen die Spieler aus der Ego-Perspektive in einer frei begehbaren, dreidimensionalen Spielwelt agiert, wo er mit Schusswaffen aller Art andere Spieler bekämpft. Oder computergesteuerte Gegner. Die Spielerfigur ist immer menschlich oder menschenähnlich.

Ego-Shooter sind bekanntlich sehr beliebt. Experten der *Unterhaltungssoftware-Selbstkontrolle*, kurz USK, bewerten diese Spiele und versehen sie mit Altersfreigaben.

Einer der allerersten Ego-Shooter auf dem Markt war *DOOM*. Aufgabe war es, diverse Monster unschädlich zu machen. Die Auflösung war noch ziemlich niedrig, doch mit der Rasanz der technischen Entwicklung wurde auch hier die Qualität immer hochwertiger. Und die virtuelle Darstellung immer realitätsnäher. Und die Darstellungen immer grausamer. Gipfel dieser Grausamkeit und an moralischer Verwerflichkeit kaum zu überbieten ist für mich dieses Spiel:

Grand Theft Auto 5.

Schon die Vorgängerspiele dieser Serie zeichneten sich durch viel Gewalt aus. Dabei ging es um Raub und Verfolgungsjagten mit der Polizei et cetera. In der Version 5 jedoch übertrafen sie Macher sich selbst in punkto Abscheulichkeit. Denn es gibt darin diesen Spielauftrag, im Jargon *Quest* genannt:

Ein an den Sessel geketetes Opfer muss gefoltert werden. Nur so kann der Auftrag erfüllt, nur so kann die nächste Spielstufe erreicht werden.

Natürlich steht auf dem Spiel der Vermerk »ab 18 Jahren«. Doch die Haupt-Spielergruppe rekrutiert sich aus Kindern und Jugendlichen zwischen 12 und 14 Jahren.

Ego-Shooter – Was sagt das Gesetz?[16]

Österreich, Deutschland und die Schweiz haben da unterschiedliche Zugänge. So konnte man sich beispielsweise in Deutschland seitens der Gesetzgebung

---

16 http://bupp.at/de/jugendschutz
https://de.wikipedia.org/wiki/Killerspiel#Rechtliche_Relevanz

nicht zu dem Wort Killerspiel durchringen. In der Schweiz sehr wohl.

Deutschland nimmt als Basis seiner Ego-Shooter-Bestimmungen das Grundgesetz (Artikel 2, Absatz 1: »Jeder hat das Recht auf die freie Entfaltung seiner Persönlichkeit ...« sowie Absatz 2: »Jeder hat das Recht auf Leben und körperliche Unversehrtheit ...« und regelt die Eignung solcher Spiele seit 2003 über ein rechtlich verbindliches Alterskennzeichnungs-System durch die USK.

Die Schweiz und Österreich verwenden das sogenannte PEGI-System (dazu gleich mehr). Hersteller und Händler in der Schweiz haben sich freiwillig die Verpflichtung auferlegt, die PEGI-Stufen bundesweit einzuhalten. In Österreich ist die Situation aufgrund der unterschiedlichen Jugendschutzgesetzgebung der jeweiligen Bundesländer etwas komplizierter:

☞ Wien: Computer- und Konsolenspiele müssen ein PEGI-Kennzeichen tragen

☞ Salzburg: Computer- und Konsolenspiele müssen ein USK-Kennzeichen tragen

☞ Kärnten: Computer- und Konsolenspiele müssen ein PEGI-Kennzeichen tragen. Aber alternativ gilt auch die Kennzeichnung der deutschen USK – sind beide Kennzeichnungen vorhanden, ist immer jene mit dem höheren Alter anzuwenden.

☞ Niederösterreich, Oberösterreich, Burgenland, Steiermark, Vorarlberg und Tirol: Hier gilt (mit verschiedenen Nuancen) ein generelles Verbot, jugendgefährdende Medien an Minderjährige abzugeben, allerdings ohne ein konkretes Kennzeichnungssystem vorzuschreiben – also weder USK noch PEGI.

Wie können Eltern nun prüfen, ob Filme und Spiele altersgerecht sind?

Tipp
Achten Sie zuallererst auf die erwähnten Alterskennzeichnungen. Also USK oder FSK. Viele Behörden lehnen sich an diese Bestimmungen an – auch in punkto Strafverfolgung.

PEGI – das System und seine Stufen im Detail

PEGI – das steht für *Pan European Game Information*. Darunter versteht man ein europaweites Einstufungssystem für Computer- und Videospiele. Auf der Homepage (www.pegi.info) können Sie über eine Suchfunktion jederzeit Infos über die gängigen Spiele einholen.

Eine Auswahlfunktion ermöglichst außerdem festzustellen, welches Spiel in welchem europäischen Land ab welcher Altersgrenze zugelassen ist. Und Zusatz-Buttons gewähren Einblicke über die transportierten Inhalte der

Spiele: Horror, Diskriminierung, Sex, Drogen, Glücks-
spiel und so weiter.

Über die Spielbarkeit sagt die PEGI-Kennzeichnung
allerdings nichts aus. Hier nun die unterschiedlichen
Alters-Abstufungen im Detail:[17]

☞ PEGI 3: Für alle Altersstufen unbedenklich
- Wenige Gewaltdarstellungen in einem »lustigen
Kontext« (vergleichbar mit Tom und Jerry oder Bugs
Bunny) sind akzeptabel. Charaktere auf dem Bild-
schirm sollten vom Kind nicht mit real existierenden
Wesen in Verbindung gebracht werden können. Sie
sollten in allen Aspekten Fantasiewesen sein.
- Weder sollen in dem Spiel oder Film Bilder noch
Geräusche vorkommen, die jüngere Kinder ängsti-
gen könnten.
- Absolutes No-Go ist vulgäre Sprache.

☞ PEGI 7: Unbedenklich ab 7 Jahren
- Alle Spiele oder Filme, die auch unter Kategorie
PEGI 3 fallen.
- Für kleinere Kinder möglicherweise Angst erzeu-
gende Geräusche sind hier nun akzeptabel.

☞ PEGI 12: Unbedenklich ab 12 Jahren
- Alle Spiele oder Filme, die etwas expliziter Gewalt
gegen Fantasiewesen darstellen und/oder Gewalt ge-

---

17   Dazu die Erklärung http://bupp.at/de/jugendschutz/pegi-altersstufen

gen menschlich aussehende Wesen oder erkennbare Tiere andeuten.
- Spiele oder Filme, die etwas ausführlichere Nacktdarstellungen enthalten.
- Leichte Vulgärsprache ist möglich, jedoch keinesfalls Fluchworte mit sexuellem Charakter.

☞ PEGI 16: Unbedenklich ab 16 Jahren
- Diese Einstufung wird vergeben, wenn die Darstellung von Gewalt oder sexuellen Handlungen in dieser Form auch im »echten Leben zu erwarten wäre«.
- Stärkere Vulgärsprache ist hier erlaubt
- Hinweise auf den Konsum von Tabak, Alkohol und anderen Drogen sind möglich
- Darstellung krimineller Handlungen möglich

☞ PEGI 18: Für Erwachsene
- Die Darstellung grausamer Gewalt und/oder die Darstellung bestimmter Gewaltarten. Was jedoch »grausame Gewalt« sein soll, ist schwer einheitlich zu definieren, weil das Empfinden sehr subjektiv ist. Allgemein heißt es jedoch: »Gewalt, die beim Betrachter Abscheu hervorruft.«

Sollte Ihr Kind ein Spiel mit nachhause bringen, bei dem die Kennzeichnungen fehlen oder jedenfalls nicht klar ersichtlich sind, können Sie also bei PEGI rasch und klar mit dem Namen des Spiels sehen, was Sache ist.

Tipp

Jüngere Geschwister sind in der Regel fasziniert, wenn der ältere Bruder oder die ältere Schwester etwas spielt. Bedenken Sie immer: Wenn sie sich im selben Raum aufhalten, kann das Auswirkungen haben. Vor allem, wenn es sich um Ego-Shooter handelt. Über Amazon oder YouTube können Sie ebenfalls sehr rasch ausfindig machen, um welche Art von Spiel es sich handelt. Werbetrailer geben einen raschen Überblick. Außerdem sind zumeist längere Spielsequenzen online einzusehen – jedenfalls dann, wenn ein Spiel schon einige Zeit auf dem Markt ist. So gibt es viele Zusammenschnitte der gängigsten Blood-, Gore-, Trash und Violent-Games.

Wie passt das nun zusammen?

Habe ich Ihnen nicht eingangs, gleich zu Beginn dieses Kapitels, weiszumachen versucht, Ego-Shooter würden nicht automatisch zu Amokläufen und School-Shootings führen?

Immerhin kommen auch zahlreiche Studien zu diesem Ergebnis:

Kinder, die Ego-Shooter spielen, sind einem leicht erhöhten Risiko ausgesetzt, im späten Jugendalter Verhaltensstörungen zu entwickeln.

Andere Untersuchungen, allen voran eine Studie der Universität Bonn, spricht wiederum von »emotionaler Abstumpfung«. Bei exzessivem Ego-Shooter-Spielen.

Aber: Panik, ihr Kind würde allein durchs Computerspielen gewalttätig, müssen Sie deshalb keine haben. Gerade bei Elternabenden ist das eines der Hauptanliegen besorgter Mütter und Väter.

Ja, sage ich dann immer: Kinder und Jugendliche zeigen starke Emotionen, entwickeln mitunter hohe Aggressivität. Insbesondere bei Spielen der Face-to-Face-Art. Wo also der Gegner direkt gegenübersitzt. *Mensch ärgere dich* nicht zum Beispiel, sage ich dann auch. Oder *Uno*.

Viele Eltern haben in diesem Moment ein richtiges Aha-Erlebnis. Erfahrungen in diese Richtung sind dann deutlich von ihren Mienen abzulesen. Da kann ich das vierte Männchen des Kindes, das es bei *Mensch ärgere dich nicht* schon wieder nicht ins sichere Haus geschafft hat, beinahe in den Gesichtern sehen. Das Wüten und Heulen und Schreien, das Alles-Hinschmeißen und Nicht-mehr-spielen-Wollen. Und dann vielleicht noch das Grinsen des »bösen Papas«, wenn er dem Sohnemann bei Uno die Plus-Vier-Karte aufbrummt und die kleinen Hände fast schon nicht mehr ausreichen, die vielen Karten noch zu halten und zu sortieren.

Natürlich machen Spiele aggressiv.
Aber es müssen nicht zwingend Ego-Shooter sein.

So vieles macht uns emotional. Kinofreunde erinnern sich bestimmt an Titanic, als wäre es gestern gewesen. Insbesondere an die Szene, als Leonardo diCaprio sich für seine große Liebe Rose, gespielt von Kate Winslet, opferte und in den Fluten des Atlantik versank. Emotion pur – und die Tränen flossen in Strömen. Ähnlich rührend empfinden auch meine Gattin und ich es, sehen wir die Serie *Vermisst*, wenn verschollen geglaubte Verwandte oder Freunde nach Jahrzehnten wieder zueinander finden.

Bei alledem handelt es sich jedoch immer nur um kurzfristige emotionale Zustände. Niemand weint sich tage- oder wochenlang die Augen aus, bloß weil er Titanic gesehen oder bei Uno schon wieder verloren hat.

Ganz ähnlich verhält es sich im Großen und Ganzen bei Ego-Shooter-Spielen. Es gehört eine ganze Menge mehr dazu, sich zum Amokläufer zu entwickeln. Gewaltfilme oder -videos spielen dabei nur eine untergeordnete Rolle, sind kleine Steine eines großen Puzzles.

Beim Columbine High-School-Massaker in Littleton im US-Bundesstaat Colorado vor 20 Jahren etwa berichteten Medien, Dylan Klebold und Eric Harris hätten sich wegen des Filmes Natural Born Killers zu Amokläufern entwickelt. Dies waren nichts als Erklärungsversuche, diese Tat der Öffentlichkeit irgendwie begreifbar zu machen. Mit den Tiefen der gesamten Umstände hatte das nichts zu tun. Denn erst ein genauer Blick in die Biografien der beiden Täter zeigte auf, dass es eine Vielzahl von Faktoren war, die zu dem, über Jahre bis ins kleinste Detail geplanten, Massaker führten.

Gewalt in den eigenen vier Wänden

Forscher sind seit langer Zeit bemüht, die Entstehung von Gewalt aufzuschlüsseln. Wirklich gelungen ist es bisher keinem einzigen. Gewalt – so viel scheint doch klar – entsteht längst nicht nur durch die Konsumation einschlägiger Filme oder Spiele. Sie bieten unbestritten zusätzliche, mögliche Ressourcen, darüber, wie man Menschen töten kann, doch sie führen noch lange nicht zwingend dazu, denn:

Gewalt entsteht in erster Linie, wenn
Menschen selbst strukturelle Gewalt erleben –
zumeist im engsten sozialen Umfeld.

Wie verhält es sich mit häuslicher Gewalt in Österreich oder Deutschland?

Studien berichten davon, dass in jedem zweiten Haushalt die sogenannte gesunde Ohrfeige immer noch als probates Erziehungsmittel Anwendung findet. Zu 90 Prozent werden diese Ohrfreigen von Müttern verabreicht, die mit gewissen Situationen hilflos überfordert sind.

Dort, wo Patriarchen in den Familien das Sagen haben, kommt es häufig zu Übergriffen. Männer schlagen im Rausch ihre Frauen. Frauen üben Psychoterror aus. Eifersuchtsdramen enden immer wieder auch tödlich. Nahezu täglich finden sich Berichte dieser und ähnlicher Art in den Medien. Und Kinder, die Gewalt in den eigenen vier Wänden miterleben müssen, lernen schon früh: Gewalt ist ein effektives Lösungsmittel.

Gewalt ist keine Lösung

Das ist der Titel eines Buches, das der mit mir befreundete Leiter der *Mobbing und Gewaltpräventionsstelle der Kinder- und Jugendanwaltschaft Oberösterreich*, Dr. Rupert Herzog, verfasst hat.

Gewiss, über den Buchtitel kann man diskutieren. Schließlich sollte Gewalt einerseits wirklich niemals die Lösung sein. Und doch ist sie es die beste aller Lösungen – jedenfalls in den Augen der Täter. Nichts ist in ihren Augen zielführender als Gewalt. Der eigene Wille lässt sich rasch durchsetzen, ohne groß diskutieren zu müssen. Also ist Gewalt in diesem Sinne tatsächlich von Erfolg gekrönt. Sie dient Tätern zur Aufrechterhaltung eines Bildes – nämlich des Bildes der eigenen Stärke. Sie unterfüttert eigene Entscheidungs- und Handlungskompetenz und verhindert den Blick in den Spiegel, den Blick auf die eigene Kleinheit und Hilflosigkeit.

Und auch daran führt kein Weg vorbei, weil vielfach statistisch belegt ist: Sieht man von der sogenannten gesunden Ohrfeige einmal ab, so sind es im häuslichen Bereich zu 90 Prozent Männer, die Gewalt ausüben. Gewalt gegen Frauen.

Aus der Praxis

Heinz, 39, kommt betrunken nachhause. Wieder einmal. Heinz hat, wieder einmal, den spärlichen Rest des Haushaltsgeldes in Alkohol umgesetzt. Seine Frau Karin, 36, ist in dieser Hinsicht leidgeprüft. Denn nun weiß sie nicht, wie so viele Male zuvor, wie sie den Kindern ein halbwegs vernünftiges Essen auf den Tisch stellen soll. Die Schulsachen kann sie auch nicht mehr bezahlen, geschweige denn Geld für Schulfahrten auftreiben.

Was ist die logische Folge?

Natürlich. Lautstarke Diskussionen. Rasch wird aus dem heftigen Streitgespräch eine handfeste Auseinandersetzung. Heinz schlägt unvermutet zu. Blutend stürzt Karin zu Boden und ist auf einmal still. Der gemeinsame Sohn des Ehepaares, Lukas, 5, muss alles mitansehen.

Was lernt Lukas?

Lukas lernt, dass die Gewalt des Vaters eine durchaus mögliche Option darstellt, ein Problem zu lösen. Lukas ist natürlich entsetzt darüber, was sein Vater soeben getan hat. Er läuft zu seiner Mutter, will sie trösten. Das Mitansehen der väterlichen Gewalt führt jedoch nicht dazu, dass die Tat per se verurteilt, sondern im Gehirn des Kindes so abgespeichert wird:

Als positive Ressource. Weil der Vater den Streit »gewonnen« hat. Und gewinnen ist in erster Linie positiv. Tags darauf kommt Lukas wieder in den Kindergarten. Ein an sich harmloser Streit über Spielsachen keimt auf. Für einen kurzen Moment sieht die Kindergartenpädagogin nicht hin. Lukas nutzt diesen Augenblick – und schlägt zu. Genau das hat er am Vortag zuhause gelernt: zuschlagen, sodass der Widersacher zu Boden geht oder zu weinen beginnt, bedeutet den Erfolg seiner Handlung. Denn das Spielzeug, um das eben noch gestritten worden ist, hat Lukas auf diese Weise an sich gebracht.

Wiederum, zum zweiten Mal binnen weniger Stunden, erlebt Lukas Gewalt als durch und durch positive Ressource. Und je öfter solche Gewalthandlungen in diesem »positiven Kontext« abgespeichert werden, je mehr manifestiert sich die Überzeugung, sich dieser und nicht einer anderen Möglichkeit zu bedienen, um ans Ziel zu gelangen.

Gewalt ist eine erlernte Ressource

Die Entdeckung der Spiegelneuronen, jener Gehirnnervenzellen also, die uns Menschen auf empathischer Ebene miteinander kommunizieren lassen, liegt noch gar nicht so lange zurück. 1970 war es, als das italienische Hirnforscher-Trio Giacomo Rizzolatti, Leonardo Fogassi und Vittorio Gallese dieses eine von vielen Geheimnissen des menschlichen Gehirns erfolgreich beforschten.

Spiegelneuronen gehören gefördert, denn
sie können verkümmern. In anderen Worten:
Use it – or lose it!

Das ist die Kernaussage des bereits zitierten Buches von Prof. Joachim Bauer zum Thema Spiegelneuronen (Warum ich fühle, was du fühlst ...). Schon bei der Geburt sind Babys mit einer gewissen Anzahl dieser besonderen Nervenzellen im Gehirn ausgestattet. Dazu können Sie sich dieses Bild vor Augen führen: Eine neu errichtete Straße mitten im Grünland.

Wird dieses Straße – vergleichbar mit den neuronalen Bahnen im Gehirn – niemals benutzt und vor allem gepflegt, so geschieht mit der Zeit dies: Erste Frostaufbrüche kommen. Gräser beginnen allmählich aus den Fahrstreifen zu wachsen. Sie wuchern und wuchern, und nach 20 Jahren wird von der einstmals neuwertigen Straße nicht mehr viel zu sehen sein. Weil die Natur sie gänzlich überlagert hat.

Genauso verhält es sich mit den Spiegelneuronen des Menschen. Nur die ständige Benutzung bei gleichzeitiger Pflege und Instandhaltung, nur der stete Ausbau dieser Straße führt dazu, dass die Straße nicht verkommt, sondern im Gegenteil erweitert wird. Siedlungen werden errichtet, Seitenarme gebaut. Wie bei Hauptverkehrsrouten auch.

Was das mit unserem Alltag im 21. Jahrhundert zu tun hat?

Heutzutage verbringen viele Kinder viel zu viel Zeit vor irgendwelchen Bildschirmen. Sie sitzen vor Laptops oder Fernsehgeräten, stieren stundenlang in Smartphones. Spiegelneurone zu fördern bedeutet jedoch etwas grundlegend anderes: nämlich Interaktion, das Knüpfen und Pflegen zwischenmenschlicher Beziehungen, Diskussionen, Feedback geben und Feedback erhalten, streiten, lachen, aktiv spielen, Sport betreiben, Vereine besuchen und vieles mehr.

Deshalb warnen auch immer mehr Forscher davor: Wir dürfen unsere Kinder nicht zu lange vor Bildschirmen parken. Bloß, damit sie vielleicht beschäftigt sind und nicht stören. Überlange Bildschirmzeiten führen dazu, dass die Fähigkeit zu Empathie und jeder Art von Gefühl negativ beeinträchtigt wird.

Zeit, die Kinder vor Bildschirmen zubringen,
ist oft genug fehlende Zeit für die so wichtigen
zwischenmenschlichen Beziehungen.

Nicht der Fernseher an sich ist das Problem. Nicht das Smartphone an sich. Es ist der Mangel an menschlichen Beziehungen. Das ist der gefährlichste Auslöser für jede Form von Sucht und Gewalt. Dazu gibt es übrigens einen alten, nun aber neu belebten und wieder heiß diskutierten Trend, der aus den USA nach Europa herüberschwappt:

Attachment Parenting oder Extreme Parenting.

Auf Deutsch: Bindungsorientiere Erziehung. Darunter versteht man, dass Mütter sich ihren Babys gegenüber von der Geburt an nicht nur maximal responsiv verhalten (soll heißen, dass sie auf die Signale des Säuglings reagieren), sondern auch möglichst viel Zeit in enger körperlicher Nähe mit dem Kind verbringen.

Tipp

☞ Grenzen Sie die Bildschirmzeiten Ihrer Kinder ein.

☞ Informieren Sie sich ausführlich, welche Spiele Ihre Kinder spielen. Lassen Sie sich die Lieblingsspiele Ihrer Kinder zeigen. Setzen Sie sich dazu – und spielen Sie mit. So können Sie am besten beurteilen, warum Ihr Kind etwas lustig findet. Und auch, ob ein Spiel bedenklich ist oder nicht.

☞ Beobachten Sie das Spielverhalten Ihrer Kinder ganz genau – und reagieren Sie gegebenenfalls auf Aggressionen, die bei Ihrem Kind auftreten.

☞ Richten Sie, vor allem bei kleineren Kindern, ein kindgerechtes Benutzerkonto ein. Mit Suchmaschinen ohne Administratorenrechte.[18] Seien Sie selbst der Administrator – und sehen Sie regelmäßig nach (im Verlauf oder in den temporären Dateien), welches Surfverhalten Ihr Kind an den Tag legt.

☞ Sprechen Sie, wenn nötig, mit Ihrem Kind darüber. Vor allem, wenn Sie sehen, dass Ihr Kind auf Seiten gelandet ist, die jugendgefährdende Inhalte aufweisen, über die Ihr Kind sich möglicherweise nicht von allein zu sprechen traut.

☞ Bereiten Sie Ihr Kind auf die Gefahren in Chatrooms, denn gerade bei *Massive-Multiplayer-Online-Roleplay-Games*, kurz MMORPG, Online-Spielen

---

18 Zum Beispiel: https://www.fragfinn.de/ oder https://www.blindekuh.de/ index.html

mit einer unüberschaubaren Zahl von Spielern aus aller Welt, tummeln sich immer auch Menschen mit pädophilen Neigungen (wir haben bereits davon gehört).

Allgemein gilt: Suchen Sie professionelle Hilfe, sobald ihr Kind versucht, durch zu brutale Spiele gemachte, eigene Gewalterfahrungen insofern zu verarbeiten, als es beginnt, Gewalt als »Weg der Konfliktlösung« zu sehen. Exzessives Interesse an Gewalt in Computerspielen ist zumeist ein klarer Hinweis auf ein massives Problem im Leben eines Kindes.

Ausführliches dazu finden Sie unter anderem auf: *www.saferinternet.at/fuer-eltern/*[19]

Warum spielen Kinder so gerne Computerspiele?

Die naheliegende Antwort: weil es Spaß macht. Weil es Entspannung bringt. Weil es Gesprächsstoff für die eigene Peergroup bietet. Und weil sich viele Spiele auch gemeinsam – online – spielen lassen. Das erhöht den Spaßfaktor natürlich.

Außerdem sind Computerspiele immer eine Herausforderung. Sie fördern den Gedanken von Wettbewerb.

---

19 Ebenfalls eine verlässliche Quelle für unbedenkliche Spiele: www.bupp.at (Bundesstelle für Positiv-Prädikatisierung von Computer- und Konsolenspielen)

Kinder verschmelzen regelrecht mit ihren Lieblingsspielen. Das lässt sie ihren Alltag für geraume Zeit vergessen. Und sie bauen, wie mir viele Kinder und Jugendliche berichtet haben, auf diese Weise sehr viel Stress ab. Alltagsstress. Sei es von der Schule. Sei es von der privaten Situation.

Problematisch wird es, wenn Computerspiele missbraucht werden. Wenn Kinder sich nur dadurch über schwierige Situationen in ihrem Leben hinwegzuretten glauben. Wenn etwa ein gemobbter Schüler sich aus der realen Welt in die virtuelle flüchtet und nur noch dort sicher und geborgen fühlt. Weil die virtuelle Welt ihn den Stress in der realen vergessen macht. Weil es dort – im Cyberspace – im Gegensatz zur echten Welt möglich und auch erlaubt ist, Fehler zu machen, die nicht gleich erkannt und knallhart bestraft werden.

Die virtuelle Welt verzeiht Fehler. Einmal abspeichern und später weiterspielen. Oder einfach von vorne beginnen. Etwas, das in der echten Welt nicht ohne weiteres möglich ist. Dadurch steigt das Erfolgsgefühl. Man wird immer besser – und man wird dafür belohnt.

In welcher Welt halten sich solche Kinder also lieber auf? Dort, wo es immer nur Stress gibt? Oder dort, wo man selbst auf einmal mächtig ist und alles steuern kann?

Die Gefahr, die hinter diesem Irrglauben lauert, trägt den Namen Sucht.

Die Weltgesundheitsorganisation, WHO, fasst den Begriff der Sucht im weiteren Sinne so zusammen: »Jede zwanghafte Befriedigung eines Bedürfnisses mit dem Kennzeichen physischer oder psychischer Abhängigkeit«. Mit folgenden Kriterien[20] hat die WHO den Begriff Sucht geprägt:

☞ Entzugserscheinungen bei körperlicher oder psychischer Abhängigkeit

☞ Entwicklung von Toleranz, das heißt: Gewöhnung an eine bestimmte Dosis bei gleichzeitigem Verlangen nach mehr, um denselben Erfolg zu verspüren

☞ Starker Wunsch oder sogar Zwang zu spielen

☞ Verminderung der eigenen Kontrollfähigkeit (man kann nicht mehr aufhören zu spielen)

☞ Das Leben wird zunehmend vom Spielverhalten dominiert

☞ Andere Interessen geraten ins Hintertreffen, werden allmählich überhaupt ignoriert

☞ Wichtige Dinge des Alltags werden zunehmend ignoriert

☞ Trotz negativer Konsequenzen wird die meiste Zeit mit dem Spielen verbracht

Treffen wenigstens drei dieser Kriterien über den Zeitraum von einem Jahr dauerhaft zu, spricht man von Sucht. Alles andere kann als suchtgefährdend bezeichnet werden, ist demnach als Risikofaktor anzusehen.[21]

---

20 ICD 10 (International Statistical Classification of Diseases and Related Health)

21 https://www.uibk.ac.at/psychologie/mitarbeiter/leidlmair/methodenarbeit-ws2010-11.pdf

Internetsucht – Ab wann trifft sie zu?

Der Wiener Neurologe Dr. Hans Zimmerl beschäftigt sich als einer von wenigen Experten genau damit – wenn nämlich der Gebrauch des Mediums so exzessiv wird, dass das Verhalten eines Users den wissenschaftlichen Suchtkriterien entspricht.

Präziser definiert heißt Internetsucht: Pathologischer Internet-Gebrauch. Gemeinsam mit Dr. Beate Panosch (Institut für Biostatistik und Dokumentation der Medizinischen Fakultät der Universität Innsbruck) hat Primar Zimmerl eine Online-Umfrage[22] im beliebtesten Chatroom des gesamten deutschsprachen Raumes gestartet – dem Metropolis-Chatsystem.

Ergebnis? Jeder Achte der 473 Befragten (12,7 Prozent) legte ein eindeutig suchtartiges Verhalten an den Tag. Ein Drittel dieser Internetsüchtigen wiederum sprach überhaupt von »rauschartigen Erlebnissen« bei intensivem Chatten, und bei immerhin 40,9 Prozent dieser Gruppe hatte auch so etwas wie eine Selbsterkenntnis eingesetzt, denn sie sagten von sich selbst:

»Ja, ich bin internetsüchtig.«

Sollten Sie also bei Ihrem Kind bemerken, dass es seine Interessen auf einmal vernachlässigt, seine »analogen« Kontakte zunehmend schleifen lässt, Schule oder Freunde oder Vereine vernachlässigt, dann besteht dringender Handlungsbedarf. Und:

---

22 https://www.uibk.ac.at/publicrelations/medien/unizeitung/uz14.pdf

Machen Sie sich sofort auf die Suche
nach dem eigentlichen Problem!
Denn das Spielen dient womöglich nur
dem Zweck der Kompensation.

Spiele mit besonderem Suchtfaktor

Eines der wohl bekanntesten Onlinespiele (aus der Kategorie der erwähnten MMORPG) mit beliebig vielen Spielern weltweit und maximalem Suchtpotential ist dieses: *World of Warcraft*. Kurz: WOW.

Die Übersetzung des Namens spricht Bände: Welt des Kriegshandwerkes. WOW gibt es seit 2004, und nach fünf Jahren auf dem Markt schaffte es den Sprung ins *Guinness Buch der Rekorde*. Ein in den Augen besorgter Eltern bestimmt zweifelhafter Ruhm.

Um *World of Warcraft* spielen zu können, muss monatlich gezahlt werden. Entweder ist man als Einzelspieler unterwegs – oder man gründet eine Gilde (einen Clan also). Oder man schließt sich einer bereits bestehenden Gilde an.

Das Spielen in einer Gilde ist, wie zigtausende Spieler bestätigen, besonders reizvoll. Weil extrem spannend und unterhaltsam. Man benötige, so der einhellige Tenor, schon eine gehörige Portion Können und Taktik, um in so einer Gilde überhaupt zu bestehen.

Die Spieler sind untereinander via Headset verbunden. Sie spielen gemeinsam und lösen gemeinsam Aufgaben. Ein sehr zeitintensives Vergnügen. Den Zeitpunkt des Spielbeginnes gibt die Gilde vor. Das bedeutet: Wer dabei sein will, muss pünktlich zum vereinbarten Zeitpunkt online sein. Andernfalls würde man auch »seine Mannschaft« im Stich lassen.

Was das bedeutet?

Das bedeutet in erster Linie: Stress. Zeitdruck. Gruppenzwang (Natürlich, den gibt es auch in der analogen Welt, etwa beim Fußball- du Musikverein oder bei der Feuerwehr).

So ein Spiel mit seinen Zwängen und Nöten macht natürlich nicht vor einem Wochenende Halt. Nicht vor dem Wochenende der durch Job und Alltagsstress erschöpften Eltern. Also stehen die Kleinen – wie gewohnt, als wäre Schule – auch am Samstag oder Sonntag zeitig in der Früh auf. Und dann auch schon an der Bettkante von Mama und Papa. Die wollen um sechs Uhr morgens an einem Wochenende meistens aber nur das eine:

Ruhe. Ausschlafen.

Ich weiß nur zu gut, wovon ich spreche. Bei meinen Kindern war es nicht anders. Und auch ich habe mich immer wieder bei solchen Worten ertappt:

»Bitte noch eine Stunde. Nein, besser zwei. Lies in deinem neuen Buch. Und dann setz dich – meinetwegen – noch eine Stunde an den Computer und spiel was! Aber nicht länger, ja?«

Und schon ist er beim Teufel, der gute Vorsatz, auf eine irgendwann einmal vereinbarte Bildschirm- und Spieldauer nicht bloß zu pochen, sondern auch für seine Einhaltung zu sorgen. Es bedarf also einer gehörigen Portion Konsequenz (manche nennen es auch pädagogische Schulung), genau das nicht zu tun – und stattdessen zu sagen:

»Ja, mein Sohn. Auch wenn es Sonntag und erst sechs Uhr ist ... ich stehe genau jetzt auf, mache dir genau jetzt dein Frühstück. Und danach gehe ich mit dir in den Wald, um Kastanien zu sammeln. Oder Blätter.«

Damit der Sohn oder die Tochter eben nicht mit zig anderen Kids vor World of Warcraft oder anderen Süchtigmachern hängt. Wollen wir das, müssen wir uns selbst Tag für Tag bei der Nase nehmen, weil wir es doch – in der Theorie wenigstens – ohnehin so gut wissen:

Die Dosis macht das Gift.

DER CHATROOM –
UND WO SEINE GEFAHREN LAUERN

Der harmlose Chat mit neuen Bekannten im Netz ist nicht immer so harmlos, wie er scheint. Was Sie Ihren Kindern in punkto Internet-Freunden unbedingt als Rüstzeug fürs Leben mit auf die virtuelle Reise geben sollten, lesen Sie hier:

To chat.
Chat, wie ... plaudern, sich unterhalten.
Chat, wie ... elektronische Kommunikation zwischen zwei oder mehreren Personen in Echtzeit über Videochat. Oder auch:
Chat, wie ... Nachrichtenfunktion in Sozialen Medien.

Ursprünglich stammt die Funktion des Chats aus der Welt des Business. Entwickelt, um Managern lange Flugreisen quer über den Globus zu ersparen. Um dringende Firmengespräche und Meetings über weltweite Datenleitungen zu ermöglichen.

Und heute?

Heute ist der Chat allgegenwärtig. Kaum ein Spiel, und erst recht kein Soziales Medium, das nicht über eine Nachrichtenfunktion oder einen Chat verfügt.

Zu chatten bedeutet aber nicht nur, einfach blind drauflos zu kommunizieren. Auch Chats haben so ihre Regeln. Hierfür wurde folgender, vermutlich den Wenigsten vertraute Begriff in die Welt gesetzt, angelehnt an die so genannte Netiquette (ein Zusammenschluss der Wörter Internet + Etikette, die für gewisse Umgangsformen im World Wide Web allgemein stehen): Chatiquette.

Richtlinien, wie man sich in einem klassischen Chat verhalten sollte. Dies vor allem, um Missverständnissen aufgrund des Fehlens auditiver und visueller Kommunikation zwischen den Teilnehmern vorzubeugen. Darum wurden letztlich auch die Emojis kreiert und eingeführt.

Gerade das Internet mit seinen schier endlosen Möglichkeiten des Verschleierns von Identitäten ist bekanntlich ein Tummelplatz für übel gesinnte Geister. Das Internet ist auch jener Bereich, wo die Kriminalität – ganz anders als in allen übrigen Sparten des Verbrechens – immer noch geradezu exponentiell steigt: 30 Prozent beträgt der jährliche Zuwachs an Verbrechen, die im Netz begangen werden. Vor allem da, wo es um Geld und Sex geht. Kein Wunder, denn das Ausforschen von Tätern ist hier nach wie vor besonders schwierig, die Aufklärungsraten eher sehr bescheiden.

Naheliegend daher auch, dass Kinder und Jugendliche im virtuellen Raum besonders häufig mit unangenehmen Erfahrungen konfrontiert sind. Seien es üble Beschimpfungen. Seien es sexuelle Belästigungen. Eben darum müssen sie auf besondere Weise beschützt und auf mögliche Gefahren vorbereitet werden. Eben darum brauchen sie auch Vertraute, an die sie sich wenden können. Hierzu ein Fall mit beinahe fatalem Ende, auf den ersten Blick jenem ähnlich, den ich Ihnen zu Beginn des Buches vorgestellt habe.

Aus der Praxis

Ein 13 Jahre altes Mädchen – Nickname *Sabine13* – bekommt eine Freundschaftsanfrage über ein Soziales Medium. Am anderen Ende eine 14-Jährige, *Susi14*. Sie kennt diese Susi zwar nicht, doch das Profilfoto ist einladend. Also nimmt *Sabine13* an.

Ein Prozedere, wie es sich tagtäglich in aller Welt zigtausende Male zuträgt. Die Mädchen beginnen zu chatten. Wochenlang. Monatelang. Eine immer intensivere Chatfreundschaft entsteht. Bis eines Tages *Susi14* schreibt:

»Ich mag nicht mehr leben. Ich bringe mich um.«

Hintergrund: Sie würde im Sportunterricht immer nur ausgelacht. Weil ihre Brüste noch so klein seien. Sie traue sich gar nicht mehr, sich vor den anderen umzuziehen, sei mit den Nerven völlig am Ende.

Sabine13 ist ernsthaft besorgt um ihre Freundin. Sie versucht, sie zu beruhigen.

»Ich bin auch noch nicht so weit entwickelt. Mach dir nichts draus.«

»Tatsächlich?«, schreibt *Susi14* zurück. »Bei dir ist das auch so? Das kann ich gar nicht glauben.«

(Sie ahnen, was kommt?)

Nicht so schnell. Sabine13 weigert sich nämlich. Auch wenn die Freundin noch so verzweifelt scheint.

Also setzt *Susi14* den ersten Schritt. Sozusagen als Vertrauensvorschuss.

»Ist es okay für dich, wenn ich dir ein Bild von meinen Brüsten schicke? Zum Vergleich?«

Tatsächlich trudelt ein Bild von mädchenhaften Brüsten bei *Sabine13* ein.

»Die sind doch nicht zu klein«, schreibt sie an *Susi14*, »Bei mir sieht es auch nicht besser aus.«

»Das sagst du nur, um mich zu trösten. Ich glaube das nicht ... wärest du eine richtige, gute Freundin, würdest du mir auch ein Foto von dir schicken. Ich glaube, du vertraust mir nicht.«

»Doch, das tue ich.«

»Nein, das tust du nicht.«, schreibt *Susi14*.

Jetzt hat sie *Sabine13* so weit. Das Mädchen schickt tatsächlich ein Bild ihrer entblößten Brüste durchs Netz. Genau da geschieht Folgendes: *Susi14* schreibt, wer sie wirklich ist. Ein älterer Mann. Das Nacktfoto, das er ihr von seinem Fake-Profil aus geschickt hat, ist von einer Pornoseite.

Nun jedoch geht der Horror für *Sabine13* erst so richtig los. Der Mann beginnt sie zu erpressen. Schließlich weiß er längst alles von seinem Opfer. Den Klarnamen, die Adresse, in welche Schule das Mädchen geht, in welche Klasse sogar. All das hat *Sabine13* ihrer neuen »Freundin im Netz« über Wochen und Monate bereitwillig mitgeteilt.

»Du musst mir weitere Fotos von dir schicken«, schreibt der Mann. Andernfalls würde er ihr Busenfoto auf Facebook stellen – und an all ihre Freunde schicken. An alle sozialen Kontakte.

Sabine13 ist massiv eingeschüchtert. Also willigt sie ein. Erst weitere, immer intimere Fotos. Dann Videos, angefertigt nach genauer Anleitung des Täters, nach dessen perfidem Drehbuch.

Irgendwann, sehr spät, ist der Druck doch so groß, dass *Sabine13* es nicht mehr aushält. Sie tut, was sie längst hätte tun sollen. Sie vertraut sich einer Freundin an. Die Dinge nehmen ihren Lauf. Anzeige wird erstattet, der Mann – ein 44 Jahre alter Pädophiler – über die IP-Adresse ausgeforscht und festgenommen. Und die Recherchen ergeben: *Sabine13* ist bei weitem nicht sein einziges Opfer.

Tipp

Besprechen Sie den Einstieg in die Welt des Chattens ausführlich mit Ihren Kindern. Geben Sie ihnen diese dringenden Ratschläge:

☞ Niemals persönliche Daten bekanntgeben, weder Name, noch Wohnadresse, noch Geburtsdatum, noch Schule oder Skype-Adresse.

☞ Den Nicknamen immer so wählen, dass daraus keine Details zur Identität abgeleitet werden können (*Sabine13* legt doch bereits nahe, dass es ein 13 Jahre altes Mädchen namens Sabine sein dürfte).

☞ Niemals »verführerische« Nicknamen verwenden, wie etwa Sexysusi12 oder Sweetrose13 et cetera. Die »Eigenschaft« der Namensträgerin, die hier mitschwingt, ruft Kriminelle geradezu auf den Plan. Sie fühlen sich dadurch ermutigt. Die Chance, in kürzester Zeit Zielscheibe einer sexuellen Cyber-Attacke zu werden, ist groß.

☞ Bei Profilfotos keine Bilder mit viel nackter Haut verwenden

Trotz aller Vorsicht: Zu persönlichen Beleidigungen, Drohungen oder Cyber-Mobbing kann es immer kommen. Wichtig im Fall des Falles – wie schon eingangs erwähnt: Unbedingt einen Screenshot anfertigen. Auch dann, wenn im Verlauf eines Chats jemand anderer fertiggemacht wird. Denn die meisten Portale bieten die Möglichkeit, aggressive Chatter zu melden und in der Folge zu blockieren.

Und noch dieser Tipp, wenngleich mit Vorbehalt: Erwachsene neigen oftmals dazu, Tippfehler im Chat auszubessern (etwa, indem sie in der nächsten Zeile das korrekte Wort nachreichen). Jugendliche machen so etwas im Allgemeinen eher nicht.

Chatter im echten Leben treffen?

Nein, bloß nicht!

Meine Standardantwort, wenn mir etwa bei Vorträgen genau diese Frage gestellt wird. Doch im echten Leben kommt es bekanntlich immer anders, als man denkt.

Viele Menschen – ob jung, ob älter – haben einschlägige Apps wie *Badoo, Lovoo* oder *Tinder* (manche als Sex-Apps bekannt, um nicht zu sagen verschrien) am Handy installiert. Oder Online-Singlebörsen. Treffen in der analogen Welt stehen da als Folge der virtuellen Anmache an der Tagesordnung. Ungeniert. Überall. Zu jeder Zeit.

Mehr als 500 solcher Plattformen und Single-Börsen gibt es allein in Österreich. Und bei weitem nicht alle sind seriös. Presseberichten zufolge sollen sich beispielsweise in den USA inzwischen mehr als 70 Prozent aller Paare übers Internet kennenlernen. Die Zahlen im deutschsprachigen Raum nehmen sich bescheidener aus, doch auch hier gilt diesbezüglich längst: Tendenz stark steigend.

Ich selbst habe in meinem Bekanntenkreis einige Paare, die sich zum Beispiel über Lovoo kennengelernt haben. Und womöglich kennen Sie auch welche. Doch oft genug entpuppt sich der Prinz als betrügerischer Frosch. Oder die Prinzessin als Hexe. Weil gerade auf Dating-Portalen gelogen wird, dass sich die Balken biegen. Vom Alter, übers Aussehen – bis hin zum Bodymaß-Index. Ginge es nach den Plattformen, würde so gut wie jeder täglich Sport betreiben und aussehen wie ein Topmodel.

Tipp
Seriöse Single-Plattformen erkennen Sie an folgenden Parametern:

☞ E-Mail-Adressen und persönliche Daten werden aus Prinzip geheim gehalten

☞ Profile mit Telefonnummern werden aus Prinzip nicht zugelassen

Außerdem sollten Sie immer darauf achten:

☞ Checken Sie im Netz Erfahrungsberichte über die Plattform Ihrer Wahl

☞ Die Allgemeinen Geschäftsbedingungen wirklich durchlesen (nicht nur so tun, als ob), andernfalls gibt es böse Überraschungen, etwa wenn Verträge sich plötzlich »wie von selbst« verlängern, weil Sie die Kündigungsfrist übersehen haben et cetera.

☞ Beim Erstkontakt keinesfalls gleich »die Hosen runterlassen« – sprich: alles von sich preisgeben, was zu Ihrer Identität führt

☞ Bauen Sie weniger auf nebulöse Hoffnungen, vertrauen Sie stattdessen auf Ihr natürliches Bauchgefühl. Das funktioniert ja in den allermeisten Fällen

☞ Keinesfalls wichtige E-Mail-Adressen (zum Beispiel geschäftliche) auf Dating-Plattformen verwenden, sondern eine »Müll-Adresse« eigens dafür einrichten. Das minimiert die Gefahr von Stalking

☞ Bedenken Sie auch immer: Photoshop macht's möglich. George Clooney im Chat mutiert dann rasch zum Glöckner von Notre Dame.

☞ Skypen im Vorfeld kann da helfen (vorausgesetzt, Sie haben ohnedies schon die echten Daten getauscht und gewisses Vertrauen geschöpft, das diesen Schritt auch rechtfertigt)

Dazu möchte ich Ihnen wieder von einem Fall aus meiner Laufbahn berichten, genau genommen von der nahen Verwandtschaft eines meiner Kollegen der Präventionsarbeit.

Aus der Praxis
Folgendes Szenario: Die Nichte des Kollegen, 15 Jahre alt, hatte über einen Chat ein gleichaltriges Mädchen kennengelernt. Das Übliche. Man freundet sich an, gewinnt Vertrauen. Über Monate geht das so im anonymen Cyberspace dahin zwischen den beiden.

Dann bat die Nichte meines Kollegen eines Tages ihre Eltern, mit dem Zug von Salzburg nach München fahren zu dürfen. Der Grund: Sie wolle eine nun schon fast »alte Freundin« besuchen. Ein Mädchen wie sie, das sie aus dem Internet kenne.

Die Eltern lehnten die Bitte ab.

Bis die Mutter eines Tages vom Einkauf nachhause kam und auf dem Esstisch einen Zettel fand. Darauf notiert: Name und Adresse eines Mädchens in München. Dazu ein paar persönliche Zeilen der Tochter: »Fahre nach München zu meiner Freundin. Macht euch keine Sorgen.«

Bei der Mutter heulten alle inneren Alarmsirenen auf. Sie rief sofort ihren Bruder (also meinen Kollegen) an, der hatte dienstlich beste Kontakte zur Polizei in Deutschland. Die Beamten aus München wurden ersucht, auf dem Bahnhof nach seiner Nichte Ausschau zu halten. Zugleich fuhr ein Streifenwagen zu der Adresse, die das Mädchen auf dem Tisch hinterlassen hatte. Inzwischen war das Mädchen in München angekommen. Dort nahm sie ein Mann in Empfang. Er sei, behauptete er, der Vater ihrer Chatfreundin. Sie selbst warte bereits zuhause und sei noch mit dem Backen eines »Überraschungskuchens« beschäftigt. Ein Willkommensgeschenk, wenn sie schon die Reise auf sich nehme. Die Nichte meines Kollegen stieg in den Wagen des Mannes. Womit er nicht gerechnet hatte: dass vor seiner Haustüre (er hatte sich zwar als Mädchen ausgegeben, doch seine echte Adresse genannt) bereits die Polizei auf ihn wartete. Der Mann war alles andere als ein unbeschriebenes Blatt: erst wenige Monate zuvor aus der Haft entlassen (wegen mehrfacher Vergewaltigung) – und obendrein mit zahlreichen E-Mail-Kontakten zu anderen Mädchen.

Ganz wichtig: Natürlich sollen wir im Zeitalter des Internets nicht generell jeden Kontakt ablehnen, der über genau dieses Internet entstanden ist. Doch was wir auf jeden Fall sollen, ist, Vorkehrungen zu treffen. Weil solche Treffen – selten, aber doch – hoch problematisch oder sogar tödlich enden können (wie das Beispiel der Nichte meines Kollegen zeigt).

Darum gibt es diese Regel:

Die drei goldenen Ls

Das steht für:

L wie ... LICHT
L wie ... LÄRM
L wie ... LEUTE

In anderen Worten: Ein Treffen mit einer Chatbekanntschaft sollte bei Tag, bei guter Beleuchtung und keinesfalls an einem einsamen Ort stattfinden. Einkaufszentren bieten sich da geradezu an (auch wenn der Romantikfaktor enden wollend ist).

Für junge Menschen gilt: Sie sollten keinesfalls ohne Begleitung eines Erwachsenen zum Treffen mit dem oder der großen Unbekannten ausrücken. Natürlich werden Sie für Ihren »Vorschlag« günstigstenfalls geblähte Nasenlöcher ernten – und schlimmstenfalls hasserfüllte Blicke oder Schmähungen. Oder wenigstens als »peinlichster Elternteil ever« am Pranger stehen.

Apropos stehen: Stehen Sie da einfach drüber! Schließen Sie einen Kompromiss. Der könnte so aussehen, dass Sie sich in einer peinlichkeits-neutralen Zone in sicherer Entfernung aufhalten (fünf Tische weiter in einem Kaffeehaus etwa), aber doch nahe genug, um notfalls einzugreifen.

Helfen ist nicht jedermanns Sache

Auch das – neben der kriminellen Energie mancher Menschen – ein Phänomen, das uns im Alltag leider immer wieder begegnet: der Mangel an Zivilcourage. Oder schlichtweg die blinde Ignoranz einer Notsituation von Mitmenschen gegenüber.

Verhaltensforscher haben das in x-fachen Versuchen wieder und wieder belegt: Menschen neigen mitunter dazu, nicht einmal helfend einzugreifen, wenn jemand ganz offensichtlich in höchster Not ist. So wurde etwa festellt, dass gerade dann die Hilfsbereitschaft vieler ins Bodenlose sinkt, wenn bereits mehrere Zuseher anwesend sind (die ebenfalls nur umstehen und nichts unternehmen).

Aus der Praxis

Dieses Ereignis liegt zwar schon einige Zeit zurück und es geschah auch nicht gerade um die Ecke, weil im New Yorker Stadtteil Queens (Kew Gardens), doch ist der überaus tragische Fall symptomatisch – und wurde später namensstiftend für ein Totalversagen menschlicher Hilfsbereitschaft.

Es ist der 13. März 1964. Kitty Genovese, 29, fuhr am frühen Morgen nachhause. Gegen 3:15 parkte sie den Wagen etwa 30 Meter von ihrer Wohnungstüre entfernt. In diesem Moment näherte sich ihr ein Mann. Winston Moseley.

Instinktiv schlug die Frau plötzlich eine andere Richtung ein, wollte (so die Mutmaßungen) womöglich zu einer nahen Polizei-Notrufstation. Moseley jedoch holte sie rasch ein, und er begann auf sie einzustechen und sie zu vergewaltigen.

Kitty Genovese schrie aus Leibeskräften. Mehrere Nachbarn hörten auch ihre Schreie, doch niemand rief die Polizei. Als ein Nachbar dann doch endlich das Fenster öffnete und fragte, was da unten los sei, ließ der Angreifer von seinem Opfer ab und floh. Schwer verletzt schleppte sich die junge Frau in Richtung ihrer Wohnung – und war so außer Sicht jenes Zeugen, der annahm, etwas könne mit ihr nicht stimmen.

Damit ist die Geschichte aber noch lang nicht zu Ende. Zeugen sahen Moseley in seinen Wagen steigen und davonfahren. Fünf Minuten später kehrte er allerdings wieder. Systematisch suchte er den Appartementkomplex ab. Er folgte der Blutspur seines Opfers – und fand Kitty Genovese: kaum bei Bewusstsein, ein einem Flur auf der Rückseite des Gebäudes.

Moseley befand sich nun in einer Art toter Winkel mit seinem Opfer. An einer Stelle, wo niemand sie sehen konnte. Also begann er erneut, die wehrlose Frau zu missbrauchen. Auch stach er weitere achtmal auf sie ein. Und raubte sie obendrein noch aus.

Die fünfminütige Unterbrechung eingerechnet, dauerte die gesamte Attacke eine gute halbe Stunde.

Um 3:50, wenige Minuten nach dem zweiten Angriff Moseleys, rief der Zeuge Karl Ross die Polizei. Vermut-

lich war er gar nicht der Erste, der zum Telefon griff,
denn es gab Aufzeichnungen früherer Anrufe, die
Stimmen jedoch undeutlich, die Angaben vage.[23]
Auch die örtliche Polizei schien keine große Eile zu
haben. Dem Fall wurde anfangs kaum Bedeutung beigemessen. Erst nach Ross' Anruf trafen Einsatzkräfte
ein. Kitty Genovese verstarb noch während des Trans-
portes ins Spital.

Spätere Erhebungen brachten diese erschütternden Fakten ans Licht: Mindestens 38 Menschen hatten sich zum
Zeitpunkt der Attacken in unmittelbarer Nähe befun-
den, hatten die Angriffe teilweise auch gesehen. Zwar
hatte niemand den gesamten Verlauf des letztlich töd-
lichen Überfalles beobachtet, doch viele hatten Teile davon mitbekommen. Niemand jedoch war auf die Idee gekommen, hier könnte gerade ein Mord im Gange sein.

Manche dachten an einen Beziehungsstreit. Andere
an eine Gruppe von Freunden, die lautstark eine Bar
verließen. Und zwar dort, wo Moseley sich erstmals
seinem Opfer näherte.

Seit jenem Tag hat dieses Phänomen des Nichthelfens
als Zuschauereffekt den Namen Genovese-Syndrom
(auch Verantwortungs-Diffusion genannt).

Und jenes Phänomen, dass die Anwesenheit mehrerer
Zuschauer die Wahrscheinlichkeit auf Hilfeleistung
senkt, wird so genannt: Bystander-Effekt.

---

23 https://de.wikipedia.org/wiki/Mordfall_Kitty_Genovese
https://de.wikipedia.org/wiki/Verantwortungsdiffusion; 18.03.2018

Wie verhalte ich mich,
damit ich doch Hilfe bekomme?

Oder wenigstens so, dass die Wahrscheinlichkeit auf Unterstützung drastisch steigt?

Der austro-amerikanische Kommunikationswissenschaftler, Psychotherapeut, Soziologe, Philosoph und Autor Paul Watzlawick prägte einmal diesen mittlerweile berühmten Ausspruch:

Man kann nicht nicht kommunzieren.

Die Kurzformel dafür, dass jede Art von menschlichem Verhalten eine Art von Kommunikation ist. Also auch das Schweigen. Das Stillhalten. Ein Blick. Einfach alles. Fünfundachtzig Prozent der menschlichen Kommunikation erfolgen ohnedies nonverbal.

Wir beobachten unser Gegenüber und schätzen ein. Wir bewerten unser Gegenüber oft nur deshalb, weil wir wissen wollen, woran wir sind. Ob Gefahr von dem anderen ausgeht oder nicht. Wir scannen automatisch Körperhaltung, Mimik und Gestik. Weil sie uns Auskunft geben darüber, wie der andere sich verhält oder gleich verhalten könnte.

Wir sind in Kontakt mit unseren Mitmenschen,
um uns in Sicherheit zu wissen.

Der nächste Schritt – vom In-Kontakt-Sein zum In-Beziehung-Treten – ist dann nur noch ein kleiner Schritt. In der Öffentlichkeit laut zu schreien, macht zwar in der Regel andere aufmerksam, doch es bedeutet noch lange nicht, dass Sie mit diesen anderen Menschen auch in Beziehung treten. Darum:

Tipp

☞ Geraten Sie in eine Notsituation, so sprechen sie andere Menschen wenn möglich direkt an. Sagen Sie oder schreien Sie, was mit Ihnen gerade geschieht – und dass Sie auf Hilfe angewiesen sind. Das erhöht die Chancen, diese Hilfe auch tatsächlich zu erhalten, drastisch.

☞ Die von Ihnen angesprochene Person erhält so einen klaren »Auftrag«, kann sich auch nicht mehr ohne weiteres aus der Verantwortung stehlen und wird Ihnen mit sehr hoher Wahrscheinlichkeit auch wirklich helfen.

Der Pfefferspray und seine trügerische Sicherheit

»Darf ich einen Pfefferspray verwenden? «
Die Frage habe ich schon unzählige Male zu hören bekommen, vor allem bei Vorträgen vor jungen Mädchen.

Tatsache ist: Pfeffersprays versprechen zivilen Nutzern eine Sicherheit, die es in dieser Form aber nicht gibt. Denn die Gefahren und Risiken, die mit einem Pfefferspray in der Handtasche oder wo auch immer verbunden sind, sind nicht zu unterschätzen. Pfeffersprays sind immerhin Waffen.

Hier die wesentlichsten Punkte auf einen Blick:

☞ Ein Pfefferspray muss vor dem Einsatz geschüttelt werden – und falls er schon einmal verwendet wurde, kann die Austrittsöffnung verklebt sein

☞ Peffersprays haben ein Verfallsdatum, das sehr gerne übersehen wird

☞ Bis Peffersprays aus den Untiefen mancher Frauenhandtaschen zum Vorschein kommen, ist es oft genug zu spät

☞ Peffersprays verlangen eine fachgerechte Bedienung – und die will erlernt sein. Polizisten etwa tragen den Spray immer am Gürtel bei sich, und sie werden auch jährlich im Umgang damit geschult.

☞ Die richtige Handhabung ist: Der Spray befindet sich in der Faust, der Daumen bedient den Auslöser. Frauen neigen allerdings dazu, den Pfefferspray wie einen Haarspray in die Hand zu nehmen. Die Gefahr, dass der Täter die Hand seines Opfers fasst und sie – ermöglicht durch die falsche Fingerstellung (Zeigefinger am Auslöser) – um 180 Grad in Richtung des Opfers verdreht, ist groß. So bekommt nämlich der Falsche die volle Ladung mitten ins Gesicht – das Opfer.

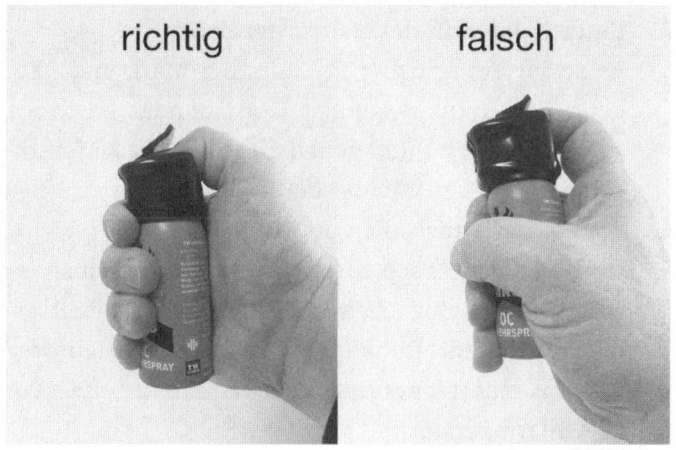

richtig   falsch

☞ Bei der Verwendung im Freien ist zu beachten: Woher und wie stark bläst der Wind? Manche Pfeffersprays verspritzen eher einen Strahl, andere setzen einen feinen Sprühnebel ab. Die Ladung gegen den Wind abzufeuern, endet rasch mit dem eigenen Knock-out.

☞ In Räumen sollte er ohnehin gar nicht eingesetzt werden. Und inmitten einer großen Menschenmenge kann er zur Massenpanik führen – Ausgang ungewiss.

☞ All diese Einwände legen dieses Fazit nahe:

Finger weg vom Pfefferspray!
Verwenden Sie besser ein Pocket-Alarmgerät.

Pocket-Alarmgeräte sind klein, handlich und in jedem gutsortierten Elektrofachgeschäft für wenig Geld zu kaufen. Die Handhabung in einer Notsituation ist denkbar einfach:

☞ Einfach den Stift des Haltegriffs ziehen
☞ Es ertönt ein schriller Pfeifton, der Mark und Bein geht. Die Aufmerksamkeit Umstehender ist Ihnen ziemlich sicher – und genau diese Art von Aufmerksamkeit scheuen Täter in der Regel
☞ Ersuchen Sie zusätzlich um Hilfe
☞ Und vielleicht noch dies, auch wenn es selbstverständlich scheint: Ziehen Sie aus Prinzip hell erleuchtete Wege dunklen Parks für den Heimweg vor. Das erübrigt zumeist auch den Einsatz eines Pocket-Alarmgerätes.

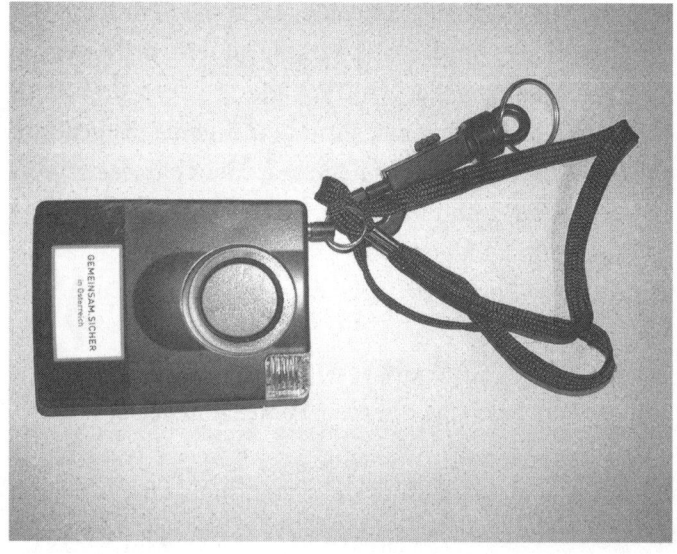

Schützt Körpersprache vor sexuellen Attacken?

Dazu eine ethisch bedenkliche Studie aus England, die uns in ein Gefängnis führt. Dort wurde Sexualstraftätern ein Film vorgeführt. Menschen waren in einer Fußgängerzone gefilmt worden, und die anschließende Frage an die verurteilten Vergewaltiger lautete:

»Welche Frau würdest du als Opfer aussuchen?«

Ergebnis: Über 90 Prozent aller Befragten wählten dieselbe Frau aus.

Warum? Weil sie aufgrund ihrer Körpersprache in den Augen der Täter die geringste Gegenwehr erwarten ließ.

Was lernen wir daraus? Was bedeutet es für die Selbstverteidigungskurse für Frauen, wenn Körpersprache vor sexuellen Übergriffen schützt oder das genaue Gegenteil bewirkt?

Solche Kurse dienen in erster Linie diesem Zweck: Frauen beibringen, wie sie sich entweder bereits präventiv oder im Fall eines Angriffs aktiv schützen können.

Was diese Kurse keinesfalls wollen: weibliche »Rambos« aus Frauen machen, die sich obendrein auch noch überschätzen.

Ja, Frauen sollten wissen, wohin sie zu schlagen haben, weil es dort besonders schmerzhaft und effektiv ist. Sie sollten lernen, nötigenfalls Alltagsgegenstände aus ihren Handtaschen zu Abwehrwaffen umzufunktionieren. Sie sollten ein neues Selbstbewusstsein erlangen, eine Selbstwirksamkeit und ein gesundes Selbstvertrauen.

DIE VIRTUELLEN
GEFAHREN VON MORGEN

Der technologische Fortschritt rast dahin. Und mit ihm die Begehrlichkeiten der Sex-, Video- und Spieleindustrie, auf den Zug aufzuspringen und Usern ultimative Kicks zu bieten. Die Möglichkeiten scheinen endlos, die Gefahren allerdings auch.

Vom Chatroom, über den Mangel an Hilfsbereitschaft, bis hin zu Selbstverteidigungskursen für Frauen – ein großer thematischer Bogen, den wir da gerade beschritten haben. Doch kehren wir noch einmal zum Ausgangspunkt des vorhergegangenen Kapitels zurück. Zum Chat – und mit ihm zu unserer Jugend.

Die Rolle – sei es moralisch, sei es gesetzlich –, die uns Erwachsenen zufällt, wenn wir unsere Sprösse in die digitale Welt entlassen, haben wir hinlänglich besprochen. Und doch gibt es noch eine Reihe wichtiger zusätzlicher Informationen rund um das Thema Jugend und Gefährdung, die ich Ihnen natürlich nicht vorenthalten möchte. Nicht zuletzt, weil es nicht bloß eine Bestandsaufnahme aktueller Gefahren sei soll, sondern auch ein Blick in die nahe Zukunft. Stichwort:

Augmented Reality.

Die Vermischung von physischer und virtueller Realität.

Bleiben wir aber noch kurz beim Thema Chat. Vor genau zehn Jahren, 2009 also, hat ein Russe namens Andrei Ternowski einen Videochat ins Leben gerufen und ihn so genannt:

Chatroulette.

Der Name ist Programm. Wie im Roulette auch, regiert hier König Zufall. Ein Videochat, der Menschen aus aller Welt (jeweils zwei User) nach dem Zufallsprinzip zueinander bringt. Alles was es beiderseits braucht, sind eine Webkamera, eine Tastatur und ein Mikrofon. Schon nach einem Jahr waren die User-Zahlen auf 30 Millionen explodiert. Das Problem an der Plattform: Jeder Achte (circa 13 Prozent), vornehmlich Männer, missbrauchte sie, um nackt vor der Kamera zu sitzen und sich zu befriedigen.

Was hat das nun direkt mit unserer Jugend und dem Chatten zu tun?

Sehr viel. Denn eine Weiterentwicklung von Chatroulette sind so genannte interaktive Pornoseiten. Sie sind frei zugänglich, ohne Beschränkung einsehbar (also auch für Kinder) und gewähren über eine Zahlfunktion (zum Beispiel Papas Kreditkarte) direkte Kommunikation. Wer will, kann so genannte Tokens (als Ersatzwährung im Netz) kaufen und Menschen (am anderen Ende der Leitung quasi) genau Anweisungen geben, was er oder sie zu machen hat. Zumeist natürlich in rein sexueller Hinsicht.

Manche dieser »Dienstleisterinnen« (es sind zumeist Frauen) haben beispielsweise einen Vibrator eingeführt – und mit dem Bezahlen eines Tokens beginnen sie, das per Bluetooth angesteuerte Gerät vibrieren zu lassen. Je öfter die Token-Kassa klingelt, desto stärker die Vibration. Und desto länger auch die Vibration. Das bedeutet:

Der User kann den »Orgasmus-Faktor«
des Gegenübers steuern.

Das ist jedoch bei weitem nicht alles. Die Vermischung von echt und virtuell – die angesprochene Augmented Reality – nimmt längst ungeahnte Ausmaße an. Zu virtuellen Brillen gesellen sich Simulatoren, die Menschen ein Gefühl von Realität vermitteln. Fallschirmspringer der US-Navy etwa üben auf diese Art das Sprungerlebnis, ohne einen Fuß vom Boden zu nehmen.

Sie können sich ausmalen, wer angesichts dieser Technologie noch Begehrlichkeiten entwickelt. Richtig. Die Pornoindustrie.

Die Entwicklung von Ganzkörper-Simulationsanzügen ist voll im Gange, auch die Unterhaltungsbranche will mitmischen und arbeitet fieberhaft daran, virtuelle Flüge quer durch die Städte dieser Welt oder Achterbahnfahrten 4.0 anzubieten. Und auch die Videospielindustrie hat, wie denn auch nicht, längst Blut geleckt.

Was das für die Jugend von morgen bedeutet?

Schwer abzuschätzen. Doch mit Sicherheit nicht immer das Beste. Völlig unklar ist beispielsweise noch, wie sich so eine extrem real erlebte (Spiele-)Welt bei einem Horror-Shooter auswirkt. Die Entwicklung schreitet rasant voran, und jetzt schon nimmt sie beängstigende Ausmaße an.

Bernhard Füchsl, Abteilungsleiter der Mediendistribution bei der *Education Group Linz* (und nebenbei Testleser dieses Buches vor Drucklegung) schrieb mir zu dem Thema:

»Wir haben ein Oculus Rift in der Firma. Das kannst du jederzeit probieren. Aber ich sage dir gleich: Das ist der höllischste Scheiß, den ich jemals erlebt habe. Bei dem Dreck gebe ich dir sogar die Unterschrift, dass das ein Problem ist.«

Ganz bewusst habe ich sein E-Mail im Wortlaut abgedruckt. Er war offensichtlich schwer geschockt angesichts der Möglichkeiten, die dieses Oculus Rift (eines dieser angesprochenen Virtual-Reality-Systeme) jetzt schon bietet.

Höllisch also.

Hinzu kommen die zahlreichen sogenannten Schocker-Seiten. Websites, die zuhauf entstellte Leichen und ähnlich Grausames zeigen. Früher waren Seiten wie *www.rotten.com* bereits für jedermann zugänglich – heute jedoch hat sich der Schock-Faktor vervielfacht. Wie zum Beispiel: *www.theYNC.com*.

Ebenso frei zugänglich und genau darum als jugendgefährdend einzuordnen, sind Seiten dieses Zuschnitts, um nur ein paar Themen zu nennen:

☞ Bombenbastel-Anleitungen
☞ Anorexie-Seiten (Magersucht)
☞ Bulimie-Seiten (Ess-Brech-Sucht)
☞ IS-Propaganda-Seiten
☞ Suizid-Foren (z.B. *www.endegut.info*)

Fühlen Sie sich bereits überfordert in Anbetracht all des Irrsinns, der neben den vielen wunderbaren Dingen – auch – im Netz unterwegs ist? Als Erwachsener? Wie mag es da erst unseren Kindern gehen, wenn sie auf solche Seiten stoßen? So genannte Zugangsbeschränkungen sind, würde man sie auf gutem, altem Papier vor sich liegen haben, oft nicht einmal die Druckerschwärze wert. Da stehen dann Vermerke wie:

»Bist du 18 Jahre alt? «

Ein schlichtes Ja genügt. Schon ist man mit von der pornografischen Partie. Oder auf anderen, sehr oft nachhaltig schädigenden Seiten. Die Überwachung all dieser, wie die Pilze nach einem warmen Herbstregen sprießenden Seiten ist nahezu unmöglich.

Also liegt es – einmal mehr – an uns Erwachsenen, Vorschub zu leisten. Indem wir die Heranwachsenden nicht nur in diese Richtung sensibilisieren, sondern nötigenfalls auch selbst eingreifen. Wenn wir beispielsweise Wind bekommen, dass Medien, Datenträger, einschlägige Gegenstände oder Dienstleistungen angeboten werden, ohne die Verbote für Jugendliche zu beachten. Darum:

Tipp

Zögern Sie nicht, auf die Einhaltung von Bestimmungen zu pochen. Zögern Sie auch nicht, nötigenfalls Anzeige gegen Unbelehrbare zu erstatten. Das hat nichts mit Vernadern oder Ähnlichem zu tun. Das hat allein damit zu tun, Verantwortung für unsere Jugend zu übernehmen!

FAKE-NEWS, HATE-SPEECH
UND CHALLENGES

*Spätestens seit Donald Trump sind Fake-News in aller Mun-
de. Was Wahrheit ist und was nicht, lässt sich in der Tat oft
gar nicht mehr sagen. Und dann gibt es noch diese, in Zeiten
des Internets weit verbreiteten Phänomene: Hate-Speeches
und Challenges.*

Hass erzeugen mit den Mitteln der Sprache. Und das so
flächendeckend wie möglich. Durch systematische Ver-
unglimpfung und Herabwürdigung anderer Menschen,
einzelner Personen oder überhaupt gleich ganzer Gruppen. Genau das ist das erklärte Ziel dieses Phänomens.
Hate-Speech.
Hand in Hand gehen damit aber auch gefälschte Nachrichten, die sich wie böse Viren rasend schnell über den
Globus verbreiten. Oftmals ist gar nicht mehr erkennbar
– oder wenigstens nicht gleich –, ob es sich um üblen
Unsinn oder vielleicht sogar Satire handelt.
Die Krux an der Sache ist: Die Herde jener, die im al-
lergrößten Nonsens immer noch das eine oder andere
Körnchen Wahrheit zu entdecken glauben, wächst von
Tag zu Tag. Frei nach dem Motto:

*Das Falsche solange
wiederholen, so oft im Netz teilen,
bis es wahr wird.*

Die Politik versteht sich darin bekanntermaßen besonders gut. Denken wir nur zurück an die letzten Präsidentschaftswahlen in den USA. Auch ist längst nicht immer klar, wer gezielte Falschmeldungen in die Welt gesetzt hat. Portale, die sich täuschend ähnlich im optischen Kleid seriöser Nachrichtenseiten präsentieren, gibt es zuhauf. Auch stoßen wir immer wieder auf Facebook-Seiten – beispielsweise »Bürgerwehren« oder fast schon radikale Flüchtlingsgegner –, die vor nichts zurückschrecken im Dienst ihrer Sache. Die verleumderische Gerüchte als gelindestes Mittel heranziehen und auch Dokumente und Bilder mit der größten Selbstverständlichkeit fälschen und in Umlauf bringen.

Was lässt sich tun, wenn man auf Hate-Speech, Hassseiten oder Fake-News stößt? Sind wir als Einzelne überhaupt in der Lage, etwas dagegen zu unternehmen?

Tipp

☞ Nutzen Sie überall dort, wo Plattformen einen Melde-Button anbieten, diesen auch. Facebook, Twitter, Instagram oder Ask.fm bieten diese Möglichkeit inzwischen. So können Sie verdächtige Links, Bilder, Postings oder konkrete User melden. Allerdings muss schon auch gesagt werden: Immer wieder ist langer Atem gefragt – der Erfolg einer solchen Intervention hängt oft genug von der »Tagesform« der zuständigen Sachbearbeiter ab. Von dessen Lust oder Unlust zu intervenieren. Oder schlicht von deren politischer Grundausrichtung.

☞ In Österreich zum Beispiel besteht etwa auch die Möglichkeit, Hetzer oder bewusste Verbreiter von Falschmeldungen nach § 283 StGB (Verhetzung) zu belangen (so sie ausfindig gemacht werden können). In Deutschland wiederum greift hier § 130 StGB.

☞ Als selbst Betroffener ist als erste Sofortmaßnahme zu empfehlen, lästige User zu blockieren.

☞ Der Verhetzungs-Paragraph ist das eine. Üble Nachrede (§ 111 StGB), Beleidigung (§ 115 StGB), Verleumdung (§ 297 StGB), Kreditschädigung (§ 152 StGB) oder Fortgesetzte Belästigung im Wege einer Telekommunikation oder eines Computersystems (§ 107c StGB) bieten ebenfalls Handhabe. Diese Paragraphen beziehen sich alle auf Österreichisches Recht. Und natürlich gibt es auch diesen Weg: das Einreichen einer Privatrechtsklage.

Und dann gibt es noch diese beiden Worte aus dem Netz näherbringen – wenig bekannt als Begrifflichkeit, doch weit verbreitet in der Anwendung:

☞ Flaming. Wenn User durch extrem ruppige Kommentare in Chats, im Usenet, per E-Mail oder in Foren auffallen (Flaming im Sinne von Rumheulen). Ein Flame ist ein Kommentar, der Zwietracht säen will. Das Erheben zumeist grundloser Anschuldigungen gegen andere. Nicht zu verwechseln mit folgendem Begriff.

☞ Ragen. Der Ausdruck blanker Wut. Zumeist in Form übelster Beleidigungen.

Weit verbreitet hingegen ist mittlerweile dieses Wort: Hoax. Doch was ist das genau, ein Hoax? Dazu ein kleines Beispiel.

Aus der Praxis

Eine der bekanntesten als Hoax bezeichneten Falschmeldungen ging im Jahr 2017 um die Welt. Die sogenannte *Blue Whale Challenge* – eines der bekanntesten Internetphänomene dieser Art.

Dabei wurde sinngemäß diese Challenge ausgerufen: Fünfzig Tage lang fünfzig unterschiedliche Aufgaben zu bewältigen. Mit so absurden Herausforderungen wie sich einen Blauwal in den Arm ritzen. Und als finale, fünfzigste Aufgabe diese: sich selbst das Leben nehmen.

Anfangs handelte es sich um simple Falschmeldungen. Medien rund um den Globus puschten die Challenge jedoch derart hoch, sodass sie zum globalen Phänomen wurde. In Russland gab es deshalb sogar drei Todesfälle.

Anderes Beispiel: Die in regelmäßigen Abständen im Netz kursierende Behauptung, an Schulen würde Brausepulver verteilt, bei dem es sich in Wahrheit um die synthetische Teufelsdroge Crystal Meth handle.

Was ist wahr – und was falsch?

Wie lassen sich solche Meldungen auf ihren Wahrheitsgehalt prüfen? Wie als Fake-News entzaubern? In Sachen Hoax zum Beispiel bietet die *Technische Universität Berlin* umfassende Infos zum Thema an. Unter diesem Link: *http://hoax-info.tubit.tu-berlin.de/hoax/*

Und wie machen wir aus unseren Kindern möglichst früh und effizient mündige kleine Mitbürger, die mit Fakes umgehen können?

Tipp

☞ Lehren Sie Ihre Kinder schon früh, stets verschiedene Suchmaschinen einzusetzen. Mit unterschiedlichen Suchbegriffen. So werden sie schnell erkennen, dass dies zu immer unterschiedlichen Ergebnissen führt.

☞ Die Plattform Mimikama (*www.mimikama.at*) – ein Verein zur Aufklärung von Internetmissbrauch – leistet da wertvolle Dienste. Die direkte Suche nach Fake-News über das Portal ist zumeist von

 Erfolg gekrönt. Wenn nicht: einfach eine Meldung an die Betreiber schicken. Die Mitarbeiter kümmern sich verlässlich darum. Ein einfacher Like auf Facebook zur Mimikama-Seite genügt – schon werden Sie laufend über die neuesten Erkenntnisse rund um Hoaxes, Fakes und dergleichen auf dem Smartphone informiert.

Kettenbriefe in Schrift und Audio

Aus der einst noch analogen Welt sind sie vielen von uns vertraut. Und auch im geschriebenen Wort im Netz: Kettenbriefe. Die können sich dann so lesen:

>*Sag einmal bitte allen Leuten in deiner Liste, dass sie den Kontakt mit Ute Christoff nicht annehmen sollen! Das ist ein Virus (über WhatsApp und so weiter), der zerstört die ganze Festplatte und zieht sich die Daten runter, wenn ihn einer deiner Kontakte erwischt, bist du auch betroffen, weil er sich durch die Liste frisst! Also kopieren und schicken !!! Wenn dich die Nummer 0171 9626509 anruft, nimm ja nicht ab! Ist ein Hacker und es werden auch all deine Kontakte betroffen sein! Es ist heute Morgen auch von EUROP1 und RTL bestätigt worden! Weiterleiten!*«

Es gibt sie aber auch – weniger bekannt – als Audio-Dateien. Dazu einmal mehr eine Episode aus dem Leben meines Sohnes Mateo:

Aus der Praxis

Mateo war 12 Jahre alt, als er über WhatsApp seinen ersten Audio-Kettenbrief erhielt. Er öffnete das File – und eine weibliche Computerstimme sagte:

»Hi, ich bin Nico und 9 Jahre alt und habe keine Hände mehr und mein Gesicht ist voller Narben und Blut. Wenn du diese Nachricht nicht an 20 Leute weiterschickst, dann komme ich um null Uhr zu dir.

Du glaubst es nicht?

Anna Weinfeld hat es einfach ignoriert, sie glaubte nicht daran. Um null Uhr hörte sie komische Geräusche. Sie ging in den Flur und sah mich. Sie schrie um ihr Leben, aber naja, ich brachte sie um und keiner hat sie mehr gesehen.

Glaubst du es immer noch nicht?

Tim Schmelzer hat es nur an fünf Leute geschickt. Er sitzt heute im Rollstuhl und kann sich nicht mehr bewegen. Lars Berger hat es an alle Leute geschickt. Er hat eine tolle Familie und ist reich geworden. Wenn du es nicht weiterschickst, wirst du morgen nicht mehr leben, oder du schickst es weiter und wirst viel Glück haben. Was bedeutet deine Mutter dir? Ohne sie wärst du nicht hier. Schicke diese Nachricht in 20 Minuten an 20 Leute, wenn du es nicht tust, wird deine Mutter in 5 Jahren ermordet. Beeile dich, wenn du deine Mutter liebst.

Ein Kind hat einen Beweis, es wollte es nicht weiterschicken, fünf Jahre später wurde seine Mutter ermordet.«

Sie können sich ausmalen, wie es meinem Sohn damals erging. Er war – gelinde gesagt – einigermaßen verstört.

Er spielte mir die Nachricht vor. Wir setzten uns gemeinsam an den PC und gaben die erste Zeile des Audio-Kettenbriefs in das Google-Suchfeld ein.

Eine Reihe unterschiedlicher Einträge poppte auf. Wir scrollten sie der Reihe nach durch. Bis wir auf einen Link der Polizei in Oberhausen fanden, worin die Falschmeldung enttarnt wurde. Ich ließ Mateo den Link öffnen. Und danach kopieren und an alle seine Freunde schicken mit diesem Hinweis:

Das ist ein totaler Blödsinn!

Mateo hatte seine Lektion gelernt.

Ähnlich übel ist folgende Geschichte, ebenfalls aus dem Jahr 2017: Damals kursierten im Netz die wildesten Gerüchte über angeblich gesichtete »Killerclowns«. Eine Website (*www.24aktuelles.com*)[24], optisch in fast gleicher Aufmachung wie die einer bekannten Onlinezeitung, trieb das Gerücht durch den Cyberspace.

Die Folge?

Die Mär von den Killerclowns verbreitete sich rasend schnell. Vor allem über die Sozialen Medien. Dabei wirbt die Website sogar mit diesem Slogan:

»Erfinde deinen eigenen Witz und lege alle deine Freunde rein! Du kannst deine erfundenen Nachrichten auf Facebook und anderen Sozialen Netzwerken teilen. Worauf wartest du noch? Lass den Spaß beginnen!«

---

24 http://www.24aktuelles.com/ 31.01.2018

Die Sache ist bloß: Viele User scrollen nicht soweit, um Bescheid zu wissen. Entsprechend hoch ist die Zahl derer, die es glauben und teilen, ohne groß darüber nachzudenken. Das führt mitunter zu solchen Auswüchsen (aus meinem eigenen Umfeld): Da wollte der Sohn eines Bekannten tatsächlich zu Halloween ein Messer mitnehmen – einfach, um für den Angriff eines solchen Killerclowns gerüstet zu sein.

Wenn die Mutprobe im Netz ruft

Diese Challenge als Internetphänomen, das in die analoge Welt übergreift, ist Ihnen vielleicht noch in Erinnerung als: *Ice Bucket Challenge.*

Eine an und für sich sehr lustige (und vor allem für eine karitative Sache in die Welt gerufene) Spendenkampagne der etwas anderen Art: Teilnehmer sollten sich einen Eimer eiskalten Wassers über den Kopf gießen und hinterher drei oder mehr Personen nominieren, es ihnen gleich zu tun. Binnen 24 Stunden. Und zugleich 10 Dollar oder Euro zugunsten von Menschen zu spenden, die an einer seltenen Nervenkrankheit leiden.

Der Erfolg war überwältigend.

Doch im Gefolge dieser globalen Challenge gibt es längst auch welche der ganz, ganz üblen Sorte. Ich erinnere nur an die *Blue Whale Challenge*, die ich Ihnen als Hoax vorgestellt habe. Andere solcher Challenges mit teils sehr bösen Folgen sind zum Beispiel folgende:

☞ *Cinnamon Challenge:* Teilnehmer sollten einen Teelöffel Zimt schlucken und sich dabei filmen. Bei manchen löste das heftigste allergische Reaktionen aus, mitunter akute Atemnot und Erstickungsanfälle.

☞ *Choking Challenge:* Bei diesem Ohnmachts- oder Würge-»Spiel« wurde absichtlich eine Bewusstlosigkeit herbeigeführt. Das Aufwachen hinterher soll angeblich mit einem »euphorischen Gefühl der Extraklasse« belohnt worden sein. Dabei waren verschiedene Verfahren erlaubt beziehungsweise möglich:
- Hyperventilation
- Strangulation
- Zusammenpressen des Brustkorbs
- Atmen gegen massiven Widerstand
- Abdrücken der Halsschlagader

Die Jugendsprache kennt übrigens eine Reihe von Ausdrücken für diese pervertierte Form von Lustgewinn: Halstuchspiel, Tomatenspiel, Pilotentest, Bluttest et cetera.[25]

☞ *Salt and Ice Challenge:* Hierbei ging es darum, dass Jugendliche sich Eiswürfel mit einer Prise Salz auf die Haut legten. Dabei kam es zu heftigen chemischen Reaktionen – und auch zu Kälteverbrennungen.

☞ *Tide-Pod Challenge:* das Zerbeißen und Aufessen von Waschmittel-Tabs vor laufender Kamera.

---

25 https://de.wikipedia.org/wiki/Ohnmachtsspiel

Natürlich wissen wir es alle, auch aus eigener Erfahrung: Mutproben gibt es seit jeher. Das hat mitunter eine simple, biologische Ursache, die mit der Entwicklung des menschlichen Gehirns zu tun hat. Genauer gesagt damit, dass der Präfrontale Cortex, Teil des Frontallappens der Großhirnrinde, sich erst in der Adoleszenz voll entwickelt. Bis zu 25 Jahre kann es dauern, ehe er bei einem Menschen voll ausgebildet ist. Keine Region des Gehirns braucht länger bis zur Vollreife.

Und dieser Präfrontale Cortex hat überaus wichtige Aufgaben, ist eine Art Regisseur des Gehirns. Experten sind mittlerweile davon überzeugt, dass gerade ein bei Jugendlichen stark erhöhtes Risikoverhalten mit dieser Entwicklung zu tun hat.

Fakt ist: Jugendliche wollen sich auf besondere Weise behaupten. Nicht nur zwecks Abgrenzung von den Eltern, sondern auch unter ihresgleichen, in der Peergroup. Weil sie nach Anerkennung lechzen.

Da kommen solche Challenges nur gelegen. Das Problem daran: Kinder und Jugendliche geraten genau dadurch oft unter enormen Druck. Der Gruppenzwang des Mitmachens ist mitunter enorm. Einmal mehr sind wir Erwachsene gefordert, dem entgegenzuwirken.

Tipp

Sprechen Sie mit Ihrem Kind über Challenges. Zeigen Sie ihm nicht nur auf, welche dramatischen Folgen die Teilnahme an solch zweifelhaften Veranstaltungen haben kann, sondern auch, dass es diese nicht liken soll. Dass es die Verbreitung nicht zusätzlich fördern, sondern vielmehr helfen soll, andere vor möglichen Gefahren zu bewahren. Seine eigenen, besten Freunde womöglich.

DIE RADIKALISIERUNGS-FALLE – WENN DER IS UND SEINE PROPAGANDA RUFEN

Wer frustrierte, perspektivenlose, vom Leben Enttäuschte abholen und radikalisieren will, für den ist das Internet das perfekte Instrument. Filterblasen, in denen wir mit unserer eigenen Meinung isoliert werden, tun das Ihre.

Wir alle haben es tausendfach gehört. Und wir alle glauben, dass das unseren Kindern nicht passieren kann. Weil wir wissen, wie unser Nachwuchs tickt. Was den Sohn, die Tochter umtreibt. Welche Sorgen und Nöte er oder sie hat. Ist dem wirklich so?

Eines können wir jedenfalls mit Sicherheit sagen: Für radikale Gruppierungen – seien es politische, seien es religiöse Extremisten – ist das Internet ein Segen. Ein geeigneteres Medium zur Verbreitung ihres hetzerischen, aufrührerischen Gedankengutes ist nicht denkbar. Denn sie treiben die Möglichkeiten der Radikalisierung in fast ungeahnte Höhen.

Doch wovon sprechen wir überhaupt, wenn wir von Radikalisierung sprechen?

Die Muster, mit denen extremistische Gruppierungen nach ihren neuen Schäfchen fischen, laufen im Prinzip immer gleich ab. Es ist dies die gezielte Suche nach (zumeist sehr jungen) Menschen, die mit ihrer Lebenssituation nicht mehr zufrieden sind.

Der israelisch-amerikanische Professor für Soziologie, Aaron Antonovsky (1923 – 1994), unternahm in seinem Buch Salutogenese folgenden Versuch: Er untersuchte nicht die pathologische Frage, wie man kranke Menschen wieder heilen könne, sondern verfolgte den Ansatz, was Menschen brauchen, um glücklich zu sein, um heil zu bleiben und eben nicht zu erkranken. Daher auch der Titel, denn Salus steht für Glück oder Heil, und Genese für Entstehung.

Um das zu erreichen bedarf es – davon bin ich zutiefst überzeugt – eines gesunden Kohärenzgefühls. Aber was ist das, ein gesundes Kohärenzgefühl?

Kohärenz (in der Philosophie ist das der Sinn alles Seienden) meint in der Sozialpsychologie, dass Menschen dann gesund bleiben, wenn diese drei Gefühle Hand in Hand agieren:

1. *Sinnhaftigkeit und Bedeutsamkeit*
2. *Handhabbarkeit und Bewältigbarkeit*
3. *Verstehbarkeit*

Sehen wir uns die drei Bereiche im Detail an:

1. *Gefühl von Sinnhaftigkeit und Bedeutsamkeit:*
   Menschen haben ein Grundbedürfnis, ihr Leben als emotional sinnvoll zu empfinden. Antonovsky sieht diese Komponente als die Wichtigste von allen dreien – und das kann ich nur voll unterstreichen. Nämlich dieser Grundsatz:

Jeder Mensch braucht eine
sinnstiftende Tätigkeit.

Ohne die Erfahrung von Sinn gibt es keine Erfahrung von Positivem. Ohne positive Erfahrungen und Erwartungen ans Leben gibt es auch kein brauchbares Kohärenzgefühl. So hoch die beiden anderen Komponenten, von denen wir gleich Genaueres hören werden, auch ausgeprägt sein mögen. Wer im Leben keine Sinnhaftigkeit erfährt, wird es immer und überall nur als einzige große Last empfinden. Und jede zusätzliche Aufgabe nur als zusätzliche Qual.

Sinnhaftigkeit, so der einhellige Tenor vieler Fachleute, ist schlechthin das Wichtigste aller Gefühle, damit wir Menschen uns weiterentwickeln können. Weil niemand es auf Dauer erträgt, immer nur sinnlos Erscheinendes zu verrichten. Es sei denn, er ist psychisch schwer krank – oder permanent mit Drogen vollgedröhnt.

Die Wurzeln dieses unbändigen Dranges und lebenswichtigen Verlangens nach Sinnhaftigkeit liegen in den Anfängen menschlicher Evolution. Soweit die Annahme der Forschung. Zuzeiten der Jäger und Sammler – also vor Beginn der Sesshaftigkeit des Menschen vor etwa 11.000 Jahren – lag der Sinn darin, abzuschätzen, ob die Jagd auf ein Stück Wild Sinn machte oder nicht. Die Aufgabe lag darin, Ressourcen und Fähigkeiten abzuwägen. Ob sich der Aufwand der Jagd auf ein Stück Fleisch im Vergleich zur Gefahr, womöglich selbst getötet zu werden, lohnte und ob hinterher noch ausreichend Kraft zur Verfügung stand, mit der Beute sicher ins Lager zu gelangen.

Kurzum: Diese Suche nach Sinnhaftigkeit war Lebensstrategie.

2. *Gefühl von Verstehbarkeit*
Das ist nichts anderes als ein kognitives Verarbeitungsmuster. Gerade Kinder (denken Sie nur zurück an die berühmte, oft nervtötende Warum-Phase Ihrer Kinder mit drei oder vier Jahren) haben die angeborene Eigenschaft, alles unbedingt wissen und verstehen zu wollen. Was immer um sie herum geschieht. Heranwachsende leiden später oft unter überzogenen Vorstellungen ans Leben – und warum diese hohen Erwartungen nicht erfüllt werden. Sie wollen nicht mit Reizen konfrontiert werden, die ihnen chaotisch erscheinen, die willkürlich daherkommen, wie zufällig und unerklärlich. All das führt dazu: Hilflosigkeit und Unverständnis.

3. *Gefühl von Handhabbarkeit und Bewältigbarkeit*
Hierbei geht es ganz einfach darum: Das Maß der Überzeugung eines Menschen, ob Probleme lösbar sind oder nicht. Oder, um es mit Aaron Antonovsky zu sagen: »Das Ausmaß, in dem man wahrnimmt,

dass man geeignete Ressourcen zur Verfügung hat, um den Anforderungen zu begegnen.«[26]

Dabei, so der Soziologe, gehe es nicht bloß darum, über eigene Ressourcen und Kompetenzen zu verfügen, sondern auch um das Vertrauen, jemand anderer (oder eine höhere Macht) könnte dabei helfen, Schwierigkeiten zu überwinden. Wem genau diese Überzeugung fehlt, der gleicht dem ewigen Pechvogel. Einer, der sich immer wieder – wie in einer Endlosschleife – schrecklichen Ereignissen ausgeliefert sieht. Ohnmächtig. Ohne Chance, etwas dagegen zu unternehmen. Antonovsky beschreibt das Gefühl von Handbarkeit daher auch als »emotionales Verarbeitungsmuster«.

Womit wir wieder bei der Radikalisierung gelandet sind – sei es durch den politischen Islam oder Ähnliches: Europaweite Untersuchungen haben nämlich (mit nur ganz wenigen Ausnahmen) ergeben:

Junge Menschen, die sich radikalisieren, haben wenig oder gar kein Kohärenzgefühl.

Fazit: Wer jung, unzufrieden, arbeitslos und ohne Perspektive ist, wer das Leben als sinnlos und nicht bewältigbar erachtet, Ziele in unerreichbarer Ferne sieht und all das auch nicht begreifen kann, ist hochgradig gefährdet, sich zu radikalisieren.

---

26 Antonovsky, Übersetzung durch Franke, 1997, S. 35

Wer genau diese Perspektiven auf einmal in einem (egal wie problematischen) Umfeld erkennt, das ihm sein verlorenes Kohärenzgefühl wiederherstellt, ist hochgradig gefährdet, sich zu radikalisieren.

Der weitere Weg ist vorgezeichnet: Wer sich einsam und isoliert fühlt, fühlt sich auch extrem hilflos. Wer hilflos ist, schottet sich ab. Er verurteilt, verdammt die Gesellschaft, in der er zu leben gezwungen ist. Eine Veränderung in Verhalten und Persönlichkeit ist die logische Folge. Der Weg der Rekrutierung ist nicht mehr weit. Die Bereitschaft, Gewalt anzuwenden, wächst und wächst. Der Wille aktiv zu werden – und in einen Dschihad zu ziehen.

Dann erst, auf dem Weg in den Dschihad, ist das ersehnte Gefühl der Kohärenz wieder da. Alles ergibt auf einmal einen Sinn. Man fühlt sich omnipotent. Da ist nichts, was nicht zu bewältigen wäre.

Und die Verstehbarkeit?

Die ist ihm inzwischen eingeimpft worden. Es sind radikale Botschaften, klar und attraktiv. Weil sie eine echte Alternative darstellen. Weil sie in einer Gemeinschaft erlebt und ausgelebt werden können. Weil all das Sicherheit bietet. Der Mensch ist wieder bei sich, kann sich mit einer Sache identifizieren. Gruppenzusammenhalt und Geborgenheit. Sie sind seine Säulen.

Die Sehnsucht nach
Bedeutung und Abenteuer

Eine Menge Risikofaktoren also, die es ausmachen, dass Menschen sich dem Radikalen zuwenden. Persönliche Lebenskrisen und Konflikte. Dazu eine Portion Zufall – etwa, zur falschen Zeit am falschen Ort zu sein. Das alles gewürzt mit einer ordentlichen Prise Abenteuerlust und der Sehnsucht nach Bedeutung, danach, ein anerkannter Teil einer Gruppe zu sein. Die Flucht aus einem Vorleben, das oft genug aus Mangel an Bindung zum Elternhaus bestand, aus Jahren im Heim mitunter.

Und dann natürlich jene, die da wie dort heimatlos waren oder sind. Kinder und Enkel von Einwanderern, die sogenannte zweite und dritte Generation mit Migrationshintergrund. Sie kamen zwar nach den Kriegen in ihren muslimischen Heimatländern nach Westeuropa, kamen hier aber nie so richtig an. Oder wurden als Heimatlose etwa in Deutschland oder Österreich geboren – weil sie zwar einen Reisepass dieser Länder besitzen, nicht jedoch das Gefühl, dort auch zuhause zu sein. Die Ursprungsländer ihrer Familien sind ihnen fremd, und die Länder, in denen sie geboren und aufgewachsen sind, sind es ebenso.

Das Gefühl, nirgendwo dazuzugehören, erzeugt Frust, Zorn, und die Wurzellosigkeit entfremdet diese Menschen nur noch mehr. Natürlich radikalisieren sich nicht alle von ihnen, doch bei einer kleinen Minderheit spielt ein Faktor dem anderen in die Hand. Viele dieser Faktoren sind Auslöser, andere Mittel zum Zweck.

Wie zum Beispiel das Internet. Der Wildwuchs an radikalen Seiten ist kaum überschaubar. Ein Dschungel, schwer durchforstbar und geradezu ideal, um die Radikalisierung junger Menschen, die bestimmt der einen oder anderen Moschee vorangetrieben wird, um ein Vielfaches zu verstärken.

Das ist natürlich nichts Neues. Wie auch nicht, dass es mit Beginn der Syrienkrise zu einer Explosion dschihadistischer Inhalte auf Sozialen Medien kam. Die Kanäle gingen fast über vor radikalen Botschaften, seien es Texte, seien es Fotos oder Videos. Kein Wunder also, dass zahlreiche Jugendliche auch rein zufällig auf den IS und seine Propaganda aufmerksam und auf Facebook-Seiten von Hasspredigern gelockt wurden.

Meinungsgefängnis Filterblase

Die Filterblase ist längst zum geflügelten Wort geworden. Ein Begriff, der von der Medienwissenschaft geprägt wurde, oft auch als Informationsblase auftaucht – und dabei zumeist in Zusammenhang mit dem Begriff der Echokammer.

Im Prinzip geht es immer darum: Die berühmt-berüchtigten Algorithmen (sie sind zu sehen wie Betriebsanleitungen, wohldefinierte Einzelschritte, die zur Lösung von Problemen oder ganzen Problemgruppen in Computerprogramme implementiert werden und etwa dafür bekannt sind, dass sie uns nach nur einmal Googeln gleich mit der einschlägigen Werbung zu unserer Suchanfrage auf Handy und Co. zumüllen) ... diese Algorithmen also zeigen Internet-Usern immer nur jene Informationen, die sich mit den bisherigen Ansichten des Users decken. Weil er zuvor beim Surfen die entsprechende Auswahl getroffen hat. Alles, was diesen fast schon »traditionellen« Ansichten eines Users widerspricht, wird von den Algorithmen gar nicht erst zugelassen – wird also aus der Vielzahl möglicher Infos herausgefiltert.

Darum auch: Filterblase.

Oder Echokammer. Jener Meinungsraum, in dem wir Nutzerinnen und Nutzer uns bewegen und wohlfühlen. Der unsere eigenen Meinungen durch Meinungen Gleichgesinnter spiegelt, verstärkt und einzementiert.

Ein Köcheln im eigenen, immer gleichen Gedankensud.

Paradebeispiel einer Filterblase sind die erwähnten personalisierten Suchergebnisse auf Google. Oder der personalisierte News-Stream auf Facebook. Der Internet-Aktivist Eli Pariser[27] – Schöpfer des Begriffs Filterblase – meinte in seinem gleichnamigen Buch dazu, dass Benutzer auf diese Weise nicht durch gegenteilige Ansichten »belastet« würden, weil sie in einer Informationsblase intellektuell isoliert seien.

Wie können wir der Macht der
Algorithmen entkommen? Wo ist unser Weg
aus der Filterblase?

---

27 https://de.wikipedia.org/wiki/Filterblase; 18.03.2018

Tipp

Verwenden Sie andere Browser – nämlich solche, die Ihre Suchergebnisse nicht automatisch mitprotokollieren. Zum Beispiel: *www.duckduckgo.com*

In punkto Radikalisierung unserer Kinder funktioniert die Filterblase natürlich ebenso. Denken Sie nur an die so beliebten Katzenbilder im Netz. Ein Magnet für viele Menschen. Keine Themengruppe wird im Internet so oft geteilt wie Katzenbilder. Das machen sich längst auch radikalreligiöse Gruppierungen zunutze.

Wie?

Ganz einfach. Geben Sie, fein eingebettet in Ihre Filterblase, den Suchbegriff Katze[28] ein, dann kann es gut sein, dass Google bald auch Bilder von Katzen ausspuckt, die Gewehre, Pistolen oder andere Waffen zwischen den Pfoten halten (und manchmal auch gleich direkt Bilder von menschlichen Kämpfern und Kämpferinnen)[29].

Ist das Interesse erst mal geweckt, läuft der Radikalisierungsladen schon. Wer die Bilder an- und weiterklickt, wird allmählich auf Seiten gezogen, die ganz andere Inhalte präsentieren. Natürlich geht der Trick nicht immer auf – doch der eine oder andere bleibt schon hängen.

---

28 https://www.google.at/search?q=Katze+Waffe&dcr=0&tbm=isch
&tbo=u&source=univ&sa=X&ved=oahUKEwjgmuHopILZAhWBaQKHTdN-
CdoQsAQIJg&biw=1745&bih=846

29 https://www.blick.ch/incoming/waffen-hass-und-katzen-so-zeigtsich-der-
is-im-internet-id3185628.html

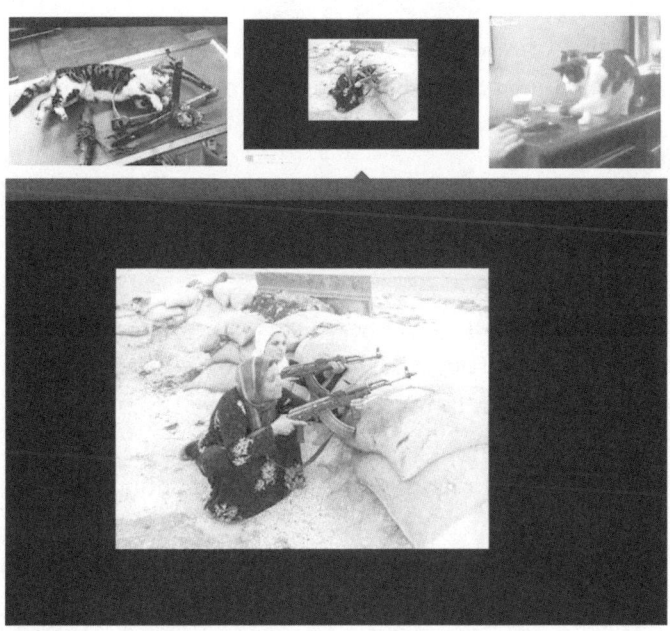

Tipp

Es gibt dazu professionelle Beratungsstellen: In Österreich zum Beispiel, gibt es eine des *Bundesministeriums
für Frauen und Jugend* (BMFJ). Dorthin können Sie sich
wenden. Entweder per E-Mail – *office@beratungsstelle-
extremismus.at* – oder über die Hotline +43 800 20 20
44 (Montag bis Freitag von 10 bis 15 Uhr). Die Hotline
bietet anonyme, natürlich kostenlose Beratung in diversen Sprachen: Deutsch, Türkisch, Englisch, Ara-
bisch, Persisch.

Zusätzlich gibt es die Möglichkeit, über *Rat auf Draht*
Informationen und Hilfe einzuholen. Sollte es um

Radikalisierung im Schulbereich gehen, rate ich Ihnen, mit der Schulpsychologie Kontakt aufzunehmen.

Wie erkenne ich, dass mein Kind sich radikalisiert?

Es sind im Prinzip immer dieselben oder wenigstens ähnliche Abläufe und Zeichen, die uns hellhörig machen sollten. Die da wären:

☞ Verhaltensänderungen in punkto Kleidung, äußeres Erscheinungsbild
☞ Ein plötzlich völlig anderer Tagesablauf
☞ Völlig veränderte religiöse Praktiken (oder, dass es überhaupt erstmals welche im Leben Ihres Kindes gibt)
☞ Verändertes Auftreten gegenüber der staatlichen Autorität

Wichtig aber auch: Wer zum Islam konvertiert, ist deshalb noch lange kein Attentäter von morgen. Auch plötzlich radikalere Ansichten allein sind noch kein Indiz dafür, dass Ihr Sohn oder Ihre Tochter solche Schritte zu setzen bereit ist. Doch es sind Zeichen, die zu äußerster Wachsamkeit mahnen. Und zu Achtsamkeit. Holen Sie auf jeden Fall professionellen Rat ein.

Tipp

Wenn Sie mehr dazu wissen wollen, besorgen Sie sich dieses wirklich lesenswerte Buch: *Der Terror ist unter uns: Dschihadismus, Radikalisierung und Terrorismus in Europa.* Verfasst hat das Werk Peter R. Neumann, Professor für Sicherheitsstudien am *King's College London* und Leiter des *International Centre for the Study of Radicalisation* (ICSR).

FAKE-PROFILE –
WENN ANDERE IN UNSEREM
NAMEN AUFTRETEN

Weder ist das Hacken fremder Profile ein Kavaliersdelikt,
noch ist es eine Seltenheit. Doch warum werden Profile über-
haupt gehackt? Welchen Nutzen ziehen andere daraus? Und
noch wichtiger: Wie kann ich mich schützen und vorbeugen?

Sie haben plötzlich etwas gepostet, das sie nie und nimmer posten würden? Sie bekommen Hinweise von Freunden, dass bei Ihnen »etwas nicht stimmt«? Oder, schlimmer noch, auf ihrem Facebook-Account scheinen Videos
mit pornografischen Inhalten auf, womöglich sogar So-
domie, also Sex mit Tieren betreffend?

Dann ist es höchste Zeit, sich darüber Gedanken zu
machen:

> *Wurde mein Profil gehackt? Wer hat mein Profil*
> *gehackt? Was kann ich dagegen unternehmen?*
> *Wie kann ich mich schützen?*

Aus der Praxis
Zigtausenden ist genau das bereits widerfahren. Eine
Nachricht auf dem Messenger von Facebook. Darin
die einfache Frage:
»Bist du das in dem Video?«

Darunter ein Link. Viele sind verunsichert. Oder schlichtweg neugierig. Welches Video? Vielleicht von der letzten Feier?

Einmal angeklickt, ist die Büchse der Pandora schon geöffnet. Eine Anmeldeseite poppt auf, die verdammt ähnlich aussieht wie die Anmeldeseite von Facebook. Die jedoch mit Facebook gar nichts zu tun hat. Manchmal endet die Adresszeile dieser Seite auf ».it«. Manchmal auch anders. Wer abgelenkt oder einfach unaufmerksam oder arglos ist, tappt in die Falle. Er meldet sich, weil er doch glaubt, auf Facebook zu sein, mit seinen Zugangsdaten an.

Bingo! Schon haben die Hacker die ersehnten Daten, mit denen sie auf ein Profil zugreifen und es entsprechend verändern können.

Tipp

Sollten Sie es noch rechtzeitig spitzkriegen, dass Sie gehackt wurden – dann hilft als Sofortmaßnahme folgendes:

☞ Neu einsteigen auf Facebook (im echten Account) und augenblicklich das Passwort ändern!
☞ Außerdem wäre ratsam, dass Sie Ihre FB-Freunde mit einem Posting auf der eigenen Pinnwand warnen. Etwa: »Achtung, mein Account wurde gehackt!« Das genügt vollauf.

Was bringt es Hackern,
Accounts zu knacken?

Es geht in erster Linie immer nur darum: Betrug. Einmal im Account eines ahnungslosen Users drinnen, werden dessen Freunde angeschrieben. Da kommen dann – bestimmt kennt der eine oder andere von Ihnen solche Postings an Freunde bereits aus eigener Erfahrung – Hilferufe diesen Inhalts:

☞ »Ich wurde ausgeraubt. Bitte hilf mir!«
☞ »Ich wurde bestohlen und stehe ohne Geld auf dem Flughafen in ... Bitte hilf mir!«
☞ »Ich brauche Geld, um wieder nachhause zu kommen. Für neue Dokumente. Kannst du mir bitte helfen?«
☞ »Kannst du es mir mit Western Union schicken?«

Der Einfallsreichtum der Täter kennt da keine Grenzen, um einen »Freund« (womöglich auch aus dem analogen Leben) um Geld anzupumpen. Und Western Union ist einer der Klassiker unter den Money-Transmittern, die bei dieser Art von Betrug zur Anwendung kommen.

Nicht immer muss es jedoch die Messenger-Falle sein, die User zu Opfern macht. Oft genug ist es auch die eigene Sorglosigkeit. Wenn etwa Passwörter so simpel gestaltet, demnach so unsicher sind, dass sie locker zu knacken sind. Oder wenn sie achtlos weitergegeben werden – und vermeintliche Freunde sich einen Spaß daraus machen, das Vertrauten zu missbrauchen und üble Scherze auf Facebook und Co. treiben.

Ebenfalls oft im Einsatz in Sachen Hacking: Spionagesoftware. Hier allen voran die Mobile Bluetooth Hacking Software, die Smartphones ausspioniert. Über – wie der Name schon verrät – Bluetooth.

Und: Manchmal kommt es auch vor, dass gehackte Accounts einfach eins zu eins kopiert und mit dem gleichen oder minimal veränderten Usernamen wieder online gehen.

Wie erkenne ich, dass der Account eines Freundes gehackt wurde?

Tipp

Ein absoluter Klassiker: Sie erhalten eine Freundschaftsanfrage – und in ihrem Hinterstübchen beginnt es zu rumoren. Denn mit ihm oder ihr sind sie doch längst auf Facebook befreundet, oder etwa nicht? – Also:

☞ Kontakte erst checken. Sind Sie mit dem Anfrager bereits befreundet, ist die Wahrscheinlichkeit eines Hacker-Angriffs enorm hoch (nur in den seltensten Fällen hat dieser Freund, diese Freundin, den alten Account warum auch immer gelöscht, um ihn neu zu aktivieren).

☞ Wenn Sie bereits 3000 oder mehr Facebook-Freunde haben, wird es unter Umständen problematisch. Da verliert man schon mal die Übersicht.

☞ Strotzt der Account des Anfragers nur so vor Fehlern (Rechtschreibung, Grammatik et cetera), herrscht zumeist auch Alarmstufe Rot. Günstig in diesem Fall, wenn die eigenen Sprachkenntnisse ausreichend sind, diese vielen Fehler auch als solche zu erkennen.

☞ Erfundene Profile haben zumeist auch dieses Merkmal: Nur sehr wenig Information ist zu sehen. Oft sind die einzigen Einträge auch erst wenige Stunden alt. Und »Freunde« gibt es zumeist auch fast keine.

Was tun, wenn es doch passiert ist?
Wenn mein eigener Account gehackt wurde?

Nach einem Hackerangriff besteht oftmals zu Recht auch diese Sorge: Ist mein Laptop, PC, Handy et cetera jetzt mit einer Schadsoftware infiziert? Darum diese Tipps:

1. Wenn ich noch Zugriff auf meinen Account habe:
    ☞ Zugangsdaten ändern – und zwar sofort und nicht irgendwann
    ☞ Überprüfen Sie in den Einstellungen, dass in den *Allgemeinen Einstellungen* nur die eigene E-Mail-Adresse und Telefonnummer eingetragen ist. Oft ist dies nicht der Fall.

☞ Löschen Sie unpassende Postings so rasch wie möglich

2. Wenn ich keinen Zugriff mehr auf meinen Account habe:
   ☞ Lassen Sie sich von Facebook umgehend ein neues Passwort zusenden (immer vorausgesetzt, dass Ihre auf Facebook angegebene E-Mail-Adresse noch für Sie erreichbar ist)
   ☞ Hilfe auf Facebook unter: *www.facebook.com/hacked* oder bei der schon bekannten Adresse des Internet-Ombudsmannes (*www.ombudsmann.at*)

Hacken als Schicksal, gegen das es kein Mittel gibt?

Nein, sicher nicht. Das ist ähnlich wie beim Mobbing. Man wird nicht als Opfer geboren.

Für Facebook und Co. bedeutet das: Sie können das Risiko, Opfer eines Hacker-Angriffes zu werden, deutlich reduzieren. Dazu sollten Sie die folgenden Anregungen beachten:

☞ Sicherheitseinstellungen: In den Facebook-Einstellungen unter Sicherheit können Sie eine Anmeldebenachrichtigung einrichten. Das bedeutet: Sobald sich jemand über ein neues Gerät oder einen neuen Browser auf Ihrem persönlichen Facebook-Konto einloggt, erhalten Sie eine Nachricht.

☞ Sicherheitscode: Aktivieren Sie die Anmeldebestätigung, müssen Sie aber dies in Kauf nehmen: Beim Login werden Sie aufgefordert, zusätzlich zum Passwort einen individuellen Sicherheitscode einzugeben. Den können Sie sich per SMS aufs Handy schicken lassen – oder via Codegenerator in die Facebook-App. Das mag vielleicht ein klein wenig mühsam erscheinen, doch Ihr Konto ist auf diese Weise doppelt geschützt: Selbst wenn jemand Ihr Passwort knackt, kann er ohne den Sicherheitscode nicht in Ihren Account.

☞ Von wo aus du dich anmeldest: Unter diesem Punkt können Sie als User nachsehen, auf wie vielen Geräten Sie selbst aktuell eingeloggt sind. All jene Sitzungen, die für Sie nicht nachvollziehbar sind, sollten Sie sofort schließen.

☞ Deine Browser und Apps: Hier können Sie überprüfen, über welche Browser und Geräte überhaupt bereits Anmeldungen auf Ihr Konto stattgefunden haben. Verbindungen zu »alten« Logins (oder nicht erklärbaren) sollten Sie ebenfalls umgehend löschen.

Betrüger auf Facebook – wie kann ich mich schützen?

Seien Sie sich der Gefahr immer bewusst, dass Sie es auf Facebook nicht nur mit liebenswerten, freundlichen, Ihnen rechtschaffen gegenüberstehenden Menschen zu tun haben. Seien Sie deshalb nicht gleich skeptisch und misstrauisch gegen alles und jeden – doch lassen Sie eine gesunde Portion Skepsis und Achtsamkeit walten. Prinzipiell kann gesagt werden:

☞ Im Internet wird aus Prinzip nichts einfach so verschenkt

☞ Postings, die mit »sensationell«, »unglaublich«, »spektakulär«, »OMG« et cetera beginnen, wollen zumeist nur das eine: Neugierde wecken und Sie an einen virtuellen Ort locken, den Sie besser meiden sollten. Vor allem der Link, der Ihnen zumeist angeboten wird.

☞ Oftmals stecken auch dubiose Gewinnspiele hinter solchen Aufmachungen, vermeintliche Gratisangebote und Abo-Fallen.

DIE ABZOCKE MIT DEM
HANDY UND DEN APPS

Die Fallen, in die unsere Kinder, aber auch wir selbst, als Mobiltelefon-Benutzer tappen können, sind so vielfältig wie raffiniert. Aber: Ein paar No-Gos, die keinesfalls begangen werden dürfen, und ein paar Vorkehrungen – schon sieht die Sache anders aus.

Das Netz ist voller Verlockungen für uns alle. Vor allem, wenn beim Klick auf eine Website so verheißungsvolle Worte stehen wie:

»Gratis« oder »Sofortgewinn«

Warum sollte nicht auch bei den Jungen funktionieren, was bei den Alten so fein klappt: Wenn etwa im Netz suggeriert wird, ein großes, namhaftes Unternehmen stecke hinter einem Gewinnspiel. Sei es Google »Google belohnt Ihre Mitgliedschaft« oder »Glückwünsche, Google Benutzer, Sie sind heute unser Gewinner!«, seien es Microsoft, die Deutsche Telekom AG oder andere. Oder auch die Umfragemasche: Nur rasch ein bis drei Fragen beantworten – und schon steht dem Sofortgewinn nichts mehr im Wege.

Tatsächlich geht es immer nur darum:
Daten sammeln und irgendwelche Abos unterjubeln,
die niemand wirklich braucht. Oder auf andere
Weise Geld aus der Tasche ziehen.

Bei den Kindern und Jugendlichen geht das natürlich genauso. Nur allzu oft klicken sie auf Websites, die sich in einer App als Werbebanner öffnen.

Dann winkt schon der angebliche Sofortgewinn. Nur noch rasch die Telefonnummer angeben – und schon ... ganz wie bei vielen Erwachsenen. Da ein spannendes Video, das beim Anklicken teuer werden kann. Dort eine Dienstleistung, die ungewollt in Anspruch genommen wird. Da ein SMS, das bloß mit »Ja« quittiert werden muss. Und schon ...

... ja, und schon kostet es Geld. Manchmal so richtig Geld. Weil der Jugendliche nun ein Abo für Klingeltöne sein eigen nennt, die er niemals wollte. Mit Bindungsfrist Ende nie. Weil er das Kleingedruckte natürlich nicht gelesen hat. (Ganz ehrlich: Wer von uns Erwachsenen tut das schon?).

Also, liebe Eltern, informieren Sie Ihre Kinder dahingehend:

Tipp

☞ In Apps niemals Werbebanner anklicken, die Gewinne versprechen oder einen Test vorschlagen
☞ Handynummer im Internet nach Möglichkeit nicht bekanntgeben
☞ Niemals Tan-Codes verschicken
☞ Unverlangt eingelangte SMS nicht leichtfertig mit Ja beantworten (Achtung: Abo-Falle!)

☞ Handyrechnung jedes Monat kontrollieren – vor allem bei auch kleineren Abweichungen vom gewohnten Tarif. Und: Bei Ungereimtheiten umgehend den Telefonanbieter kontaktieren

☞ Abo-Falle: Wer einmal reingetappt ist, findet hier sehr gute Infos, was zu tun ist: *www.watchlist-internet.at/news/abzocke-mit-mehrwert-smsweb-und-wapabos-was-tun/*

Aus der Praxis

Kevin ist 12 Jahre alt. Und wie viele seines Altes spielt Kevin auf dem Handy *Clash of Clans*.

Neuerdings kursierte unter seinen Freunden dieses Gerücht:»Du kannst das Spiel ganz einfach hacken – und dann hast du als Spieler unbegrenzt Gems und Gold«.

Wer *Clash of Clans* kennt und liebt, weiß: Das ist Verlockung pur.

Auf YouTube findet Kevin auch die passende Anleitung, wie er das Spiel hacken kann. Dabei wird er aufgefordert, über einen Link seine Daten und Handynummer einzugeben.

Kevin macht genau das.

Umgehend erhält er eine SMS. Und er muss was tun? Richtig. Mit »Ja« antworten.

Das Versprechen für diese beiden Buchstaben: Gems und Gold ohne Ende.

Kevin schickt sein »Ja«, ärgert sich noch kurz, weil der versprochene Lohn ausbleibt, denkt sich aber nicht viel dabei – und spielt munter weiter *Clash of Clans*.
Ein Monat später die Ernüchterung: Kevins Vater fällt fast ein Büschel Haare aus, als er die Handyrechnung seines Sohnes sieht: Dreihundert Euro zusätzlich zum üblichen Tarif. Er erstattet Anzeige wegen Betruges. In diesem Fall geht die Sache noch glimpflich aus. Kevin ist nämlich nicht 14 Jahre alt, also auch nicht im Sinne der Allgemeinen Geschäftsbedingungen geschäftsfähig. Der Handybetreiber stellt daraufhin (nach einigem Hin und Her) die Forderungen an Kevins Vater ein.

So viel kann ich Ihnen hier mit größter Wahrscheinlichkeit zusagen: Der Clash-of-Clan-Hack wird nicht funktionieren. Egal, wie viele Seiten Sie oder Ihr Kind dazu googeln. Egal, wie viele Anbieter von einem angeblich »sauberen Hack« sprechen. In den allermeisten Fällen handelt es sich vielmehr um eine dieser drei Maschen:

1. Eingabe der Handynummer verlangt: Zweck ist es, sündteure Mobilfunk-Abos (ohne Wissen) abzuschließen. Die klassische Abo-Falle also.
2. Herunterladen eines Hack-Tools: Gamer sollen dazu verführt werden, Software aufs Handy oder den Computer zu laden. Darin verbirgt sich dann zumeist Malware – Software also, die gezielt Schäden anrichtet (Viren, Würmer, Trojaner et cetera)

3. Download eines APK – das steht für Android-Package. Auch hier werden häufig Viren an Bord geholt.

Tipp

☞ Ungewollte, unverlangte SMS können Sie oft mit einem »STOP« loswerden.

☞ Oder Sie schicken einen Brief – eingeschrieben – an den Betreiber jener Website, die nach der Abzocke-Attacke nun ihr Geld einfordern. In den meisten Fällen hören Sie nie wieder etwas.

☞ Wenden Sie sich an folgende, schon bekannte Webseite: www.ombudsmann.at

☞ Wenden Sie sich an die Experten der Arbeiterkammer

☞ Rufen Sie bei der *Rundfunk- und Telekom-Regulierung GmbH* an

CYBER-CRIME

Oder: Wenn das organisierte
Verbrechen zum Angriff auf unsere
Geldbörsen bläst

CYBERCRIME –
WAS IST DAS ÜBERHAUPT?

Haben Sie nicht schon im ersten Teil – Cyber-Time – ebenfalls von der einen oder anderen Kriminalitätsform gehört? Warum also diese Unterscheidung?

Weil der Fokus im ersten Teil des Buches vor allem auf unserer Jugend lag. Auf ihrem Drang des Rund-um-die-Uhr-Online-Seins und den damit verbundenen Gefahren. Und weil es sich dort insbesondere um Delikte dreht, deren Opfer besonders häufig Kinder und Jugendliche sind.

Nun aber, im Teil über Cyber-Crime, geht es um jene Formen zumeist organisierter Internetkriminalität, die natürlich auch Jugendliche, im Besonderen aber Erwachsene betrifft. Weil diese Formen von Verbrechen sich gegen Menschen richten, bei denen in der Regel sehr viel mehr zu holen ist als bei Jugendlichen, deren finanzielle Mittel doch immer stark limitiert sind und deren Geschäftsfähigkeit eingeschränkt ist.

Die drei Hauptbereiche, von denen wir nun bei Cybercrime sprechen, heißen:

1. *Computerkriminalität.*
2. *Internetkriminalität.*
3. *Skimming.*

Computerkriminalität meint ganz allgemein: die Beschädigung oder der Diebstahl von Daten. Weil Menschen sich unerlaubt Zugang zu Computersystemen verschaffen, diese verändern, sowie Hard- oder Software beschädigen.

Ziel ist es Zugangsdaten auszuspionieren, zu missbrauchen, E-Mail-Adressen weiterzugeben, das Verseuchen von Computern durch Viren, Würmer und Trojaner.

Internetkriminalität meint ganz allgemein: Betrügereien durch Gewinnversprechen, Vortäuschung von gewinnbringenden Beteiligungen, angeblich in Not geratene Verwandte im Ausland – oder angeblich vergessene Gelder auf irgendwelchen Konten im Ausland.

Skimming meint ganz allgemein: Abschöpfen. Das Ausspionieren von Kreditkarten-Daten, Bankkarten, Kontonummern, Pin-Codes, Tan-Nummern. Und als typisches Angriffsmuster, das gleichzeitige Aussähen der gespeicherten Inhalte auf Magnetstreifen (seien es Kreditkarten, seien es EC-Karten) mit dem PIN an Geldautomaten.

Diese Daten werden üblicherweise auf sogenannten White Plastics aufgebracht. Das sind leere Karten-Rohlinge. Damit gehen die Betrüger (mit den erspähten PINs) auf Einkaufstour. Oder plündern vielmehr an Geldautomaten die Konten ihrer Opfer, bis der Dispositionskredit voll ausgeschöpft ist.

Das Perfide daran: Die Originalkarte bleibt ja beim Besitzer, der Datendiebstahl wird oft erst bemerkt, wenn die Kontoauszüge Alarm schreien. Oder die Bank selbst einschreitet – etwa durch Kartensperre, weil das Konto heillos überzogen ist.

Und auch das fällt unter den Sammelbegriff Cybercrime:

☞ Raubkopieren
☞ Industriespionage
☞ Diverse Formen des Liebesbetruges
☞ Geldwäsche et cetera.

SCHUTZ VOR CYBERCRIME – DIESE GRUNDREGELN SOLLTEN SIE BEACHTEN

Opfer? Das sind immer nur die anderen! Das Vertrauen, Attacken im Netz zu entgehen, ist bei vielen erstaunlich groß. Dabei wäre es so einfach, mit der Befolgung einiger simpler Grundregeln dafür zu sorgen, dass Hacker und Co. es nicht so leicht haben.

Aus meiner fast zwanzigjährigen Erfahrung im Bereich Cybercrime weiß ich: Diese nach wie vor boomende Form der Kriminalität lebt vor allem auf Basis zweier zutiefst menschlicher Phänomene – und schlimmstenfalls dem gemeinsamen Auftreten beider:

1. Mangel an Vorsicht vieler User
2. Blanke Gier vieler User

Viele Menschen tun Art Basisschutz für PCs, Tablets, Laptops und Smartphones immer noch als unnötig ab. Gerade das bietet Kriminellen ungeahnte Möglichkeiten, öffnet ihnen Tür und Tor für ihre dunklen Absichten – sprich: den Zugriff von außen auf anderer Leute Geräte und Daten.

Der Einbruch, der hier erfolgt (nichts anderes ist es), erfolgt nicht durch die gekippte Terrassentür, sondern die ungenügend gesicherte Datenleitung. Kinder und

Jugendliche sollten jetzt schon – so früh wie möglich – lernen, dass sie beim Einschalten und Hochfahren ihrer Geräte immer auch auf die Sicherheit achten müssen.

> **Tipp**
> Der Blick nach rechts unten sollte beim Hochfahren absolute Routine sein. Dort unten auf einem Bildschirm sehen Sie nämlich anhand der Symbole der Apps, ob Updates der Anti-Viren-Programme, der Betriebssysteme oder der Sicherungen nötig sind.

Das wäre schonmal ein Anfang.

Die Inbetriebnahme eines PCs vergleiche ich bei meinen Vorträgen immer damit: das Starten eines Autos. Kaum sitze ich hinterm Steuer und schalte die Zündung ein, sehe ich die diversen Lämpchen. Hört die Ölkontrollleuchte nicht auf zu leuchten, oder die Motorsteuerungsleuchte, reagiere ich automatisch: Ich nehme den Wagen nicht in Betrieb.

Warum tun wir das nicht auch bei unseren Computern?

Es ist wie an der Ampel. Erst wenn alle rot markierten Symbole auf Grün schalten, habe ich freie Fahrt. Grünes Licht eben. Grundvoraussetzungen für einen abgesicherten PC sind:

☞ Eingeschaltete Firewall

☞ Eingeschalteter, aktualisierter Virenschutz

☞ Sichere WLAN-Verschlüsselung

☞ Aktualisierte Updates der Betriebssysteme

☞ Durchgeführte Datensicherungen, wenn das System danach schreit

Mit alledem auf Grün sind Sie schon mal einigermaßen gut unterwegs. Der Basisschutz eben, den es braucht. Darum folgend noch die wichtigsten Infos zu den fünf Bereichen:

Firewall

Die Firewall ist gleichsam der Türsteher vor der Disco. Sie sichert den Eingang. In diesem Fall die Verbindung zwischen Computer und Internet. Wie ein Türsteher mit finsterem Blick und muskelbepackten Oberarmen auch, sagt die Firewall gelegentlich:

»Njet, du kommst hier nicht rein.«

Das Programm einer Firewall überprüft ständig alles, was aus dem Internet oder einem Netzwerk auf den Computer einprasselt, was Einlass begehrt. Und die Firewall checkt im Gegenzug, was vom Computer hinauswill.

Ohne Firewall ist es wie bei der Disco ohne Türsteher: Jeder kann rein, jeder raus. Der Zugriff auf alle Daten (Bilder, Dokumente, was auch immer) erfolgt für jemanden, der sich halbwegs darauf versteht, völlig problemlos.

Virenschutz

Der Virenschutz überprüft jede einzelne Aktion, die auf Ihrem Computer stattfindet. Wenn zum Beispiel – das kennen Sie bestimmt alle – ein E-Mail mit einem Virus erkannt wird, ist es die Aufgabe des Virenschutzes, genau das zu tun: Erst den Schädling zu erkennen, dann den Schädling unschädlich zu machen.

Wirksam ist so ein Virenschutz aber nur, wenn er immer aktuell gehalten wird. Solche Programme generell abzulehnen, gleicht einem digitalen Selbstmord mit Anlauf. Andernfalls haben Sie fast die Garantie darauf, dass Ihr Computer binnen kurzer Zeit völlig verseucht ist.

Fazit: Das Gerät wird unbrauchbar.

Hundertprozentigen Schutz – wie sonst auch Leben – gibt es natürlich nicht. Weil der aktuelle, brandneue Virus dem Virenschutzprogramm immer einen Schritt voraus ist.

Sind Gratis-Anti-Virenprogramme schlecht, weil sie gratis sind?

Besser gratis als gar nicht. Klar ist aber auch, dass die guten Bezahl-Programme (dazu gibt es auch jede Menge Tests im Netz) zumeist auch den besseren Schutz bieten. Einfach, weil sie von Profis auf dem aktuellsten Stand gehalten werden, weil mit Bekanntwerden eines neuen Virus immer auch versucht wird, beim Schutz möglichst rasch und effektiv nachzuziehen.

Haben wir bei der Firewall vom Türsteher gesprochen, so ist der Virenschutz der Rausschmeißer. Wer daherkommt und sich schlecht benimmt (und das tun Computerviren in der Regel), wird rausgeschmissen. In den allermeisten Fällen jedenfalls. Dazu könnte man – leicht sarkastisch – auch diesen Vergleich anstellen: Sie haben einen funkelnagelneuen Audi A8 und fahren damit in eine osteuropäische Großstadt. Dort lassen Sie den Wagen mit sperrangelweit offener Fahrertür stehen. Der Schlüssel steckt. Oder liegt in der Mittelkonsole.

Wie hoch ist die Wahrscheinlichkeit, dass der Wagen am Folgetag noch am selben Platz steht? (wobei gesagt werden muss: In Wien wäre der A8 vermutlich auch weg!)

Beim Computer ist es nicht anders: Der Verzicht auf eine Firewall (offene Wagentür) und Verzicht auf Virenschutz (steckender Zündschlüssel) hat sehr rasch dieselben Folgen. Bloß, dass niemand deshalb ihren PC davonträgt. Aber unbrauchbar wird er trotzdem.

Ebenso, wenn Ihre Passwörter extrem unsicher sind. Oder das WLAN-Netzwerk für jedermann offen ist. Hacker und Viren stehen für genau diesen Fall bereit.

WLAN-Verschlüsselung

Ich habe es gerade angesprochen: das WLAN.

Offene WLAN-Netze sind eine Einladung. Nicht nur für Ihren Nachbarn, bei Ihnen (quasi auf ihrem Account) mitzusurfen, sondern vor allem für Menschen, die Übles

im Schilde führen. Weil sie beispielsweise über Ihr unge-
sichertes WLAN die Chance erhalten, von Ihrem Internetanschluss aus zu agieren. Und nicht vom eigenen.

Tipp

☞ WLAN-Geräte sind zumeist standardmäßig ver-
schlüsselt. Der Schlüssel bzw. Zugangscode ist oft
an der Unterseite angebracht – zum Beispiel mit
dem Kürzel WPA2 (das steht für WIFI Protected
Access 2). Diese Schlüssel setzen sich aus Ziffern
und Zeichen zusammen und sind vom Hersteller
auch individualisiert. Manchmal jedoch können
sie bei WLAN-Routern gleicher Bauart und gleicher Hersteller aber auch ident sein, darum:

☞ Kreieren Sie Ihren ganz eigenen, sicheren
WLAN-Schlüssel.

☞ Und geben Sie diesen Schlüssel auch keinesfalls
einfach so weiter.

☞ Lehren Sie Ihre Kinder, diesen Schlüssel wie einen
Haustorschlüssel zu hüten. Oder wie die eigene
Zahnbürste – wer borgt die schon her?

Beim Kreieren des eigenen WLAN-Schlüssels darauf
achten:

☞ Es sollte ein ausreichend langes Passwort sein
(mindestens 20 Zeichen)

☞ Es sollte Groß- und Kleinbuchstaben enthalten. Außerdem Sonderzeichen und Zahlen

☞ Es sollte keine sinnvollen Wörter enthalten – Hacker arbeiten nämlich auch mit der Methode der Kryptoanalyse. Sie versuchen dann, ein unbekanntes Passwort (oder auch Benutzernamen) mit Hilfe einer Passwörterliste zu knacken. Diese Liste nennt man im Jargon auch *wordlist* oder *dictionary*, das Verfahren selbst *dictionary attack* (Wörterbuchangriff).

Aus der Praxis

Diesmal ein Fall aus Bayern, genau genommen aus München:

Ein junges Ehepaar, Franziska, 33, und Gerd, 36, sitzt abends vor dem Fernseher der gemeinsamen Wohnung. Sie sehen fern und die drei Kinder, 6, 4, und 2 Jahre alt, sind bereits im Bett. Es läutet an der Eingangstüre.

Als Franziska öffnet, wird sie sehr unsanft beiseitegeschoben. Schwer bewaffnete Polizeibeamte dringen in die Wohnung ein. Es wird nicht lange gefackelt, ein ranghöherer Beamter faselt etwas von Verdacht der Pornografie oder Ähnliches – dann legen die Beamten Gerd Handschellen an, packen ihn ein und suchen wieder das Weite.

Der konkrete Vorwurf gegen Gerd: Er habe Kinderpornografie aus dem Netz runtergeladen. Für seine Frau bricht im ersten Moment eine Welt zusammen.

Es folgt das übliche Prozedere. Sämtliche Datenträger, die in der Wohnung sichergestellt worden sind, werden akribisch ausgewertet, Gerd von Beamten des Landeskriminalamtes immer wieder verhört. Während der Sichtung der vielen Dateien ist der junge Familienvater in Untersuchungshaft. Die psychische Belastung ist sowohl für ihn, wie auch für seine Familie enorm. Das Gerücht, er wäre ein Pädophiler, macht sich in der Nachbarschaft breit.

Dann die Auflösung: Gerd ist, wie er selbst immer beteuert hat, tatsächlich schuldlos. Was man ihm »vorwerfen« kann, ist lediglich: Er hat sein WLAN unverschlüsselt in Betrieb. Ein Nachbar des Hochhauses hat sich das zunutze gemacht und ist unter dem Internetanschluss des dreifachen Familienvaters seinen eigenen kriminellen Machenschaften nachgegangen.

WLAN frei zugänglich – Was sagt das Gesetz?

Man möchte es kaum für möglich halten – doch in einer so delikaten Angelegenheit wie Urheberrechtsverletzungen über WLAN gibt es (zumindest in Österreich) noch kein höchstrichterliches Urteil. Die Vorgaben der bisherigen Rechtsprechung sind allerdings eindeutig, denn:

☞ Wer die Tatumstände kennt (in dem Fall und auf Österreich umgelegt, hätte Gerd also wissen müssen, was sein Nachbar über sein WLAN treibt) und den Rechtsverstoß anderer bewusst in Kauf nimmt oder Hinweisen darauf nicht ordentlich nachgeht, macht sich strafbar.

☞ Wer darüber informiert wird (oder sonst wie Kenntnis erlangt), dass ein Dritter von außerhalb in ein WLAN einsteigt (zum Beispiel um eine Tauschbörse im Internet zu betreiben) und nichts dagegen unternimmt, der haftet im Sinne einer »bewussten Förderung des Urheberrechtsverstoßes«.

Allerdings gilt für beide Punkte: Alles eine Frage der Beweisbarkeit, wer was gewusst oder nicht gewusst und nicht verhindert hat. Keine einfache Sache also. Fix ist jedoch, auch ohne Höchsturteil:[30]

> *Wer sein WLAN mit allen zum Stand der*
> *Technik gehörenden Maßnahmen gegen den*
> *Missbrauch durch Dritte absichert,*
> *ist auf der sicheren Seite.*

Stand der Technik heißt: Aktuell zählt dazu der Einsatz einer WPA2-Verschlüsselung (wir haben eben davon gehört) und die Verwendung eines so genannten starken Passwortes (also eher nicht den eigenen Vornamen und das Geburtsdatum verwenden). In diesem Fall wurden »alle zumutbaren Mittel« eingesetzt. Weil der durchschnittliche Benutzer dann keine Chance mehr hätte, in so ein Netz

---

30 http://europakonsument.at/de/page/haftung-fuerungesichertes-wla

einzudringen. Wenn Profis es dennoch schaffen, ist es dem Inhaber des WLAN-Anschlusses nicht anzukreiden.

Und was, wenn der Missbrauch über ein quasi öffentliches WLAN-Netz geschieht? In diesem Fall sind Geschäftsleute gemeint, die WLAN-Hotspots freischalten. Auch hierfür gibt es klare Bestimmungen, klarer noch als im rein privaten Gebrauch, denn der Europäische Gerichtshof hat dazu im September 2016 entschieden:

Wer als Gewerbetreibender seinen
Kunden einen öffentlichen Hotspot zur
Verfügung stellt, haftet nicht für deren
Urheberrechtsverletzungen.

Updates

Die lästigen Update-Anfragen beziehungsweise Aufforderungen Ihres Computers sind bestimmt jedem von Ihnen schon des Öfteren untergekommen.

Übliche Reaktion vieler User: weg damit, auf später verschieben. Besser gar nicht. Weil es gerade jetzt nicht gelegen kommt.

Prinzipiell werden Updates entweder manuell angeboten – oder ohnedies automatisch durchgeführt. Bei Virenschutz oder Firewall sollte immer die neueste Version auf Ihrem Gerät installiert sein.

Dasselbe gilt auch für Betriebssysteme. Kommt beispielsweise ein Neues auf den Markt (zum Beispiel bei Windows), so finden Hacker einen Riesenspaß daran, Sicherheitslücken zu finden und Viren einzuschleusen. Oftmals nur um zu zeigen, wie anfällig Systeme gegen Angriffe von außen sind.

> *Die Empfehlung lautet jedenfalls*
> *klar: immer auf dem neuesten*
> *Stand bleiben.*

(Daten-)Sicherungen

Die Empfehlungen, von Daten (Dokumente, Bilder, E-Mails et cetera) regelmäßig Sicherungen beziehungsweise Kopien anzulegen, sind altbekannt. Aber halten wir uns tatsächlich daran? Leisten wir nicht oft genug durch Nachlässigkeit Vorschub, dass Viren sich an unseren Daten zu schaffen machen? Und Wichtiges unbrauchbar, unwiederbringlich machen?

Neuere Betriebssysteme bieten jedenfalls – zum Teil wenigstens – schon eingebaute Backup-Funktionen an. Sie müssen diese nur noch aktivieren.

Für den Fall, dass Sie einen jungfräulichen Rechner ihr Eigen nennen (oder ganz einfach beim Neukauf), sollten Sie darauf achten:

Tipp

☞ Legen Sie einen Klon der Festplatte an – und zwar auf einer externen Festplatte (die Sie nach Möglichkeit auch pfleglich behandeln). Dieses Image-Backup ist sozusagen eine exakte Kopie der Festplatte.

☞ Sichern Sie Ihre Daten zusätzlich auf einem anderen Laufwerk automatisch ab. Im Falle von Beschädigungen (Viren, Trojaner et cetera) kann der Computer auf einen früheren Status zurückgesetzt werden – somit gehen nicht alle Daten verloren.

☞ Sichern Sie nach Möglichkeit sogar auf mehr als einer externen Festplatte alle Daten ab (ich mache das auch so – schließlich gibt so ein Laptop oder PC oder zumindest eine interne Festplatte bald einmal den Geist auf, und was dann?)

Prinzipiell unterscheiden wir bei der Datensicherung zwischen diesen Möglichkeiten:

Volldatensicherung:
Wie der Name schon sagt: Hier werden alle Daten zu einem festgelegten Zeitpunkt auf einen Datenträger gespeichert. Bei der nächsten Sitzung – wann auch immer die sein mag – wird wiederum der gesamte Datensatz gespeichert.

Differentielle Datensicherung:
Hier werden alle Dateien, die sich seit der letzten Volldatensicherung geändert haben (auch neu hinzugekom-
mene) gespeichert. Es wird quasi immer auf der letzten
Volldatensicherung aufgesetzt.

Vorteil: Im Vergleich zur Volldatensicherung wird weniger Speicherplatz benötigt. Auch der Zeitaufwand ist
bedeutend geringer. Außerdem ist die aktuelle Sicherung
immer nur einen Schritt von einer Vollsicherung entfernt.

Weiterer Vorteil: Nicht mehr benötigte Sicherungs-
Stände können bei Bedarf unabhängig voneinander gelöscht werden.

Inkrementelle Datensicherung:
Hier werden nur Daten gespeichert, die sich seit der letzten inkrementellen Datensicherung verändert haben (es
sei denn, es ist die erste inkrementelle Sicherung, dann
geschieht das Speichern auf Basis der letzten Volldatensicherung, sofern geschehen). Prinzipiell wird also immer auf der letzten inkrementellen Sicherung aufgesetzt
und dazugespeichert.

Vorteil: Der Bedarf an Speicherplatz ist um vieles geringer als bei der Volldatensicherung. Ideal ist diese Art
der Sicherung etwa für die Cloud oder in Netzwerken.

Nachteil: Bei Wiederherstellung der Daten müssen sie
in der Regel aus mehreren Sitzungen zusammengesucht
werden, um sie in Summe wiederherzustellen.

Weiterer Nachteil: Inkrementelle Sicherungen sind
zwangsläufig miteinander verkettet. Es ist daher nur mit

großem Rechenaufwand möglich, einzelne Elemente (Inkremente) zwischen anderen herauszufiltern, um sie gezielt zu löschen.

Absicherung von Handy, Tablet und Co.

Handys, Tablets und Co. sind in Sachen Datensicherung oftmals so etwas wie Stiefkinder. Auf sie wird dabei einfach vergessen. Android ist bekanntlich das weltweit meistgenutzte Betriebssystem. Es bietet allerdings auch eine Vielzahl von Angriffsflächen, die man als Nutzer im Blick behalten sollte. Andernfalls werden Sie rascher, als Ihnen lieb ist, zum Opfer einer Malware-Attacke. Daher gilt:

Machen Sie Ihr Handy so sicher wie möglich.

Dafür haben Sie im Prinzip diese Möglichkeiten:

☞ Sicherheitsprogramme: Sie machen das Leben leichter (zum Beispiel in Sachen Automatisierung des Backup-Prozesses und Ähnliches).

☞ Custom ROMs: Das sind alternative Android-Betriebssysteme. Sie bieten ebenfalls Sicherheitsvorzüge, erfordern jedoch (wie die Sicherheitsprogrammen auch), dass das Gerät gerootet wird.

☞ Rooten: Ein zumeist recht einfacher Vorgang, der im Wesentlichen bedeutet, dass erweiterte Rechte für und durch den Nutzer verschafft werden. Das hat jedoch zur Folge, dass die Garantie seitens des Handy-Herstellers in der Regel erlischt.

☞ Installation neuer Apps auf gerooteten Geräten: Die Gefahr dabei ist, dass man zwar einerseits selbst totalen Zugriff auf alle Betriebsfunktionen hat, andererseits aber auch gewiefte Hacker, wenn sie das System zu knacken wissen.

Apropos Handy und Apps:

Tipp

☞ Vertrauen Sie nicht blind jedem App-Angebot im Playstore.

☞ Achten Sie (auch wenn Ihnen das mühsam erscheinen mag) auf die Entwickler-Informationen, denn: Sind weder Firmen-Website noch Datenschutzerklärung hinterlegt, oder hat der Programmierer nur eine einzige E-Mail-Adresse angegeben – dann: Finger weg!

☞ Lesen Sie die Kundenrezensionen der Apps.

☞ Suchen Sie im Netz nach Berichten zu etwaigen Sicherheitslücken einer App, die Sie installieren möchten – hilfreich da auch: Wenn Google die Auszeichnung »Top-Entwickler« vergeben hat. Die bekommen in der Regel nur seriöse Entwickler für Produkte, die sich bewährt haben.

☞ Installieren Sie Anti-Viren-Programme (gratis oder kostenpflichtig): Die meisten sind besser als gar kein Schutz.

☞ Niemals Apps inoffizieller Stores herunterladen. Diese Apps könnten sich allzu leicht außerhalb der von Google festgeschriebenen Sicherheitsregeln bewegen. Übrigens: Genau das ist die Hauptquelle für Virenfall auf Handys.

Aus der Praxis

Im Sommer 2016 wurde eine neue Malware entdeckt. Eine sogenanntes Remote-Access-Tool (Fernwartungs-Software) namens SpyNote erlaubte es Hackern, Nachrichten nach Belieben zu lesen, Telefonate mitzuschneiden oder das Mikrofon fernzusteuern. Ebenfalls von außen möglich: die Überwachung der Bewegungsdaten eines Gerätes. Und sogar das Aufspielen eigener Dateien auf das Handy des Opfers. Fazit: *SpyNote* hatte die totale Kontrolle über das Android-Gerät.[31]

Und wie sieht es beim iPhone aus?

Tipp

Daten von iPhone oder iPad sollten ebenfalls via Backup gesichert werden. Dafür gibt es im Internet jede Menge Anleitungen, zum Beispiel diese hier: *https://support.apple.com/de-at/HT203977*

---

31 http://www.connect.de/ratgeber/android-smartphone-tabletabsichern-tipps-3197184.html

INTERNETBETRUG –
VON PHISHING BIS ZUR LIEBESFALLE

Risikomanagement - in der Berufswelt ein geflügeltes Wort.
Etwas womit viele von uns täglich zu tun haben. Doch in un-
serem Online-Verhalten sieht die Sache anders aus. Da gehen
wir nur allzu leicht Betrügern auf den Leim. Das müsste nicht
sein.

Betrug.

Das ist die Kriminalitätsform schlechthin im Internet.
Und genau dafür bietet sich das Netz auch geradezu ideal
an. Das Thema Risikomanagement ist also eines, das uns
unter den Nägeln brennen sollte. Mit anderen Worten:

Wie kann ich mein Risiko minimieren,
im Internet abgezockt und betrogen zu werden?

Online-Kauf und Versteigerungen

Beginnen wir mit diesen beiden so weit verbreiteten, beliebten Arten, wenn Menschen im 21. Jahrhundert auf
Schnäppchenjagd im digitalen Raum gehen. Ein paar
ganz einfache Vorsichtsmaßnahmen genügen meist
schon, das Schlimmste zu verhindern.

eBay – der Klassiker:

☞ Der Anbieter: Klicken Sie den Verkäufer einer Ware an, erhalten sie beim Feld Bewertungen auf einen Blick Aufschluss darüber, mit wem sie es zu tun haben.

☞ Bewertungen: Je mehr Bewertungen ein Anbieter hat, je umtriebiger ist er als Verkäufer. Und je mehr positive Bewertungen durch andere User – umso besser natürlich. Der Umkehrschluss: So verlockend ein Angebot in Ihren Augen auch sein mag – ist die Summe der Bewertungen negativ, dann Finger weg! Achtung: Manchmal kommt es auch vor, dass ein und derselbe Käufer eine Vielzahl von Bewertungen zu einem Verkäufer abgegeben hat. Das kann in der Regel nur eines bedeuten: Fake-Alarm. Also auch hier – Finger weg.

☞ Geprüftes Mitglied: Neben dem Feld Bewertungen finden Sie ein rundes Symbol mit schwarzem Punkt und rotem Häkchen. Es weist darauf hin, dass es sich hier um ein geprüftes Mitglied handelt – eine Art Gütesiegel für Anbieter also.

Aber: Dieses Logo wurde von eBay nur bis 2012 vergeben. Aktuell wird es nur noch bei Mitgliedern angezeigt, die die Voraussetzungen vor der Abschaffung erfüllt haben. Prinzipiell ist es so: Geprüfte Mitglieder zeichnen sich dadurch aus, dass ihre Identität durch die Deutsche Post AG mittels PostIdent-Verfahren anhand von Ausweispapieren festgestellt und bestätigt wurde.

Geprüftes Mitglied konnte man aber auch werden, indem die Ausweispapiere von eBay-Mitarbeitern mit dem eBay-Konto abgeglichen wurden (zum Beispiel bei Live-Events wie der eBay-University). Bei positiver Prüfung gab es ein Geprüftes-Mitglied-Symbol auf der Mitgliedskarte, gleich hinter dem Nutzernamen. Als Zeichen besonderer Vertrauenswürdigkeit.

Wichtig: hundertprozentiger Schutz vor Betrug ist aber auch dieses Logo nicht.

Tipp
Führen Sie alle Transaktionen und jede Form von Kommunikation rund um eBay-Geschäfte auch tatsächlich über die eBay-Plattform durch! Lassen Sie sich nicht darauf ein, aus welchen Gründen auch immer auf E-Mails et cetera umzusteigen.

Anhand eines Autokaufs bei eBay möchte ich Ihnen zeigen, wie Sie von weiteren Möglichkeiten Gebrauch machen können, die Vertrauenswürdigkeit eines Geschäftspartners zu prüfen. So können Sie – anhand von Automarke, Type, Alter, Kilometerleistung und Ausstattung – bequem Vergleiche mit anderen Verkaufsportalen anstellen.

Außerdem: Mit den Fahrzeugdaten können Sie über Autofahrerclubs (zum Beispiel *www.eurotax.at*) diese Daten abfragen:

☞ Händlereinkaufspreis
☞ Händlerverkaufspreis

Oft genug wird nämlich festgestellt, dass der Verkaufspreis in keinem Verhältnis etwa zum Baujahr eines Wagens steht. Werden Autos nämlich viel zu günstig angeboten, so ist größte Vorsicht geboten. Bei vielen dieser Fahrzeuge ist im Bild eine Kontakt-Telefonnummer angeführt. Und meist gekoppelt mit diesem Hinweis: Das Auto des Anbieters stehe angeblich bei einer Spedition im Ausland. Zur Unterstreichung der Behauptung werden an Interessenten beziehungsweise Käufer oftmals gefälschte Speditionspapiere beziehungsweise Transportpapiere via E-Mail übermittelt.

Wie kann ich die Herkunft einer E-Mail checken?

Tipp
Das geht in der Regel relativ einfach, nämlich durch: Auslesen der Internetkopfzeile: In YouTube-Videos können Sie das sehr leicht nachvollziehen. Wie es auch geht, erkläre ich Ihnen nun anhand von Microsoft Outlook 2013:

☞ Zuerst die Mail mit Doppelklick öffnen. Dann klicken Sie auf »Datei« und »Eigenschaften« und es erscheint das Fenster mit der Internetkopfzeile.

☞ Im Feld »Internetkopfzeile« findet man dann unter »Received from« eine IP-Adresse in einer eckigen Klammer. Diese IP-Adresse muss man nur noch kopieren und auf der Webadresse *www.utrace.de* überprüfen.

☞ Eine noch einfachere Methode ist, den Inhalt der Internetkopfzeile zu kopieren und diesen dann auf der Seite *www.gaijin.at* auslesen zu lassen. Öffnen Sie dort die Registerkarte »Online-Tools« und gehen Sie zum Bereich »Netzwerk & E-Mail«. Dort den »E-Mail Header Analyzer« aufrufen und dort die kopierten Daten des E-Mail-Headers eingeben. Dann die Kopfzeile analysieren drücken.

☞ Zusätzlich können Sie die Domain (Internetadresse) auch noch über diese Homepage auslesen: *www.whois.com*

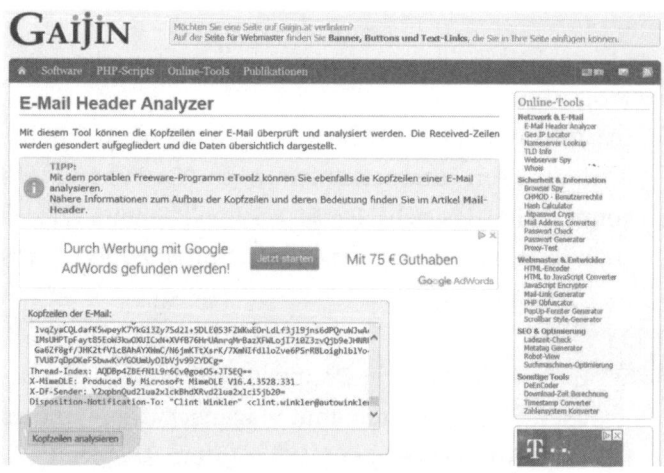

238

Fazit: Es ist ziemlich einfach festzustellen, in welchem Land ein Verkäufer sich eingeloggt hat. Einem Gegencheck mit dem, was man Ihnen gesagt hat, steht nichts im Wege. Stimmen die Angaben nicht überein – Finger weg!

Was, wenn der Verkäufer (oder sagen wir ruhig Täter) sich mit dem Tor-Browser eingeloggt hat?

Erinnern Sie sich, was ich Ihnen ganz zu Beginn erzählt habe? Von wegen Tor-Browser und Darknet et cetera? Oder wenn er über einen so genannten Proxyserver (bestimmt haben Sie den Ausdruck schon mal wo gehört) daherkommt? Oder über eine Trashmail-Seite?

Tor-Browser: Hier wird die IP-Adresse des Users nach einem Zufallsprinzip vergeben – und es scheint eine andere Absender-IP-Adresse auf. In diesem Fall: Vorsicht! Der Verdacht, dass der Verkäufer seine Adresse verschleiern möchte, ist mehr als naheliegend.

Trashmail-Seiten: Sie werden benutzt, um gefälschte E-Mails zu verfassen (auch Wegwerfmails genannt). Näheres dazu auch unter: *www.emkei.cz*

Money-Transmitter: Von ihnen haben wir auch schon kurz gehört. Sehr beliebt bei Betrügern ist dabei der Geldtransfer über *Western Union.* Prinzipiell gilt: Vorabzahlungen ins Ausland sind sehr gefährlich – und zwar dann, wenn Ihr Heimatland mit diesen Ländern kein Rechtshilfeabkommen hat.

Oft genug führen Ermittlungen in Betrugsfällen nach Nigeria, an die Elfenbeinküste, aber auch nach Spanien, Portugal oder England. Mit England gibt es zwar (z. B. in Österreich oder Deutschland) ein Rechtshilfeabkommen, aber: Die britischen Behörden werden erst ab einer Schadenssumme von EUR 5.000.- tätig. Eine Einladung für alle, denen der Sinn nach Betrügereien mit Schadenssummen darunter steht.

Tipp

☞ Speichern Sie bei Online-Geschäften immer allen Schriftverkehr am PC ab. Im Original. So können Sie den Verlauf jederzeit nachvollziehen. Für eine allfällige Anzeige ist das unabdingbar.

☞ Reagieren Sie nur auf bekannte E-Mail-Absender. Vorsicht bei E-Mails mit dem Briefkopf:»An: undisclosed-recipient«.

☞ Geben Sie im E-Mail-Verkehr keine persönlichen Daten bekannt.

☞ Denken Sie daran: Ihre Freunde im echten Leben mögen es vielleicht machen, doch im Internet verschenkt bestimmt niemand einfach so Geld.

Unbekannte Website –
und wie ich sie checken kann

Auch das ein Problem, an dem viele oft scheitern. Dabei ist es so einfach. Checken Sie über mehr als nur eine Suchmaschine die betreffende Site. Gehen Sie in Foren. Sollte es sich um eine »Abzocke-Seite« handeln, werden Sie sehr rasch auf entsprechende Einträge stoßen. Oder Sie gehen auf diese schon erwähnte Seite: *www. watchlist-internet.at*

Extrem wichtig für Zahlungen ist die Möglichkeit einer wirklich sicheren Zahlung (SSL-Verschlüsselung, also *https://* ... oder ein Zertifikat). Und achten Sie auf teils extrem überhöhte Versandkosten, die in keiner Relation zum Warenwert stehen.

Handel im Internet – Was sagt das Gesetz?
Hierzu das Beispiel Österreich – da gibt es das sogenannte E-Commerce-Gesetz. Und das besagt: Jede Website muss über Allgemeine Geschäftsbedingungen und Impressum verfügen. Und über Möglichkeiten, mit den Betreibern in Kontakt zu treten.

Die Allgemeinen Geschäftsbedingungen sollten Sie ohnehin immer lesen (wir haben schon an anderer Stelle davon gehört). Das ist vor allem dann wichtig, wenn Sie

sich mit Ihren eigenen Daten bei einer Webseite anmel-
den müssen, um etwas kaufen zu können.

Gleichen Sie eventuell auch das Impressum und die
Kontaktmöglichkeit mit der Postleitzahl ab. Nehmen Sie
dabei diese Adresse zu Hilfe: *www.whois.net*

Abzocke-Seiten haben meist in den Allgemeinen Geschäftsbedingungen irgendwelche Kostenfallen einge-
baut. So zum Beispiel verpflichten sich User, jährlich 96
Euro für die »Verschaffung des Zugangs zum Kundenbe-
reich« zu bezahlen. Oder ähnlicher Unsinn, der nur dazu
dient, Ihnen Geld aus der Tasche zu ziehen. Oft wird dieser Vertrag – sofern Sie die Allgemeinen Geschäftsbedingungen ungelesen akzeptieren – gleich über zwei Jahre
abgeschlossen.

Meist flattert dann nach der 14-tägigen Rücktritts-
frist ein Schreiben eines Rechtsanwaltes ins Haus, worin
auf die sofortige Zahlung inklusive der Mahnspesen ge-
drängt wird.

Nach dem österreichischen *E-Commerce-Gesetz* muss
für die Kunden klar ersichtlich sein, dass eine Anmel-
dung bei einer Webseite Kosten verursacht. Deshalb dieser Tipp:

Keinesfalls sofort bezahlen!

Wenden Sie sich lieber an die Arbeiterkammer oder den
Internetombudsmann. Meist genügt ein eingeschriebe-
ner Brief mit dem Hinweis, dass die Zahlungsforderung

aufgrund des E-Commerce-Gesetzes nicht legitim ist. Reagieren sollte man aber auf jeden Fall. Also: Die Zahlungsforderungen nicht einfach ignorieren. Das könnte nur zusätzlichen Ärger bringen.

Abzockseiten (oder Fake-Shops) sind meist nur sehr kurz online. Auch hier gibt es einige zusätzliche Möglichkeiten, Vorsicht walten zu lassen:[32]

☞ Skepsis bei zu günstigen Preisen

☞ Keine Vorauskasse akzeptieren

☞ Achten Sie auf grobe Rechtschreibfehler auf der Website (meist ein Hinweis auf betrügerische Aktivitäten)

☞ Wenn möglich, von Seiten aus EU-Staaten einkaufen – das erleichtert die Strafverfolgung

☞ Achten Sie darauf: Hat die Seite ein Euro-Label? Oder ein Gütesiegel?

☞ Vorsicht bei Nischenprodukten (seltene Teile, aber auch Elektroartikel)

---

32 https://www.watchlist-internet.at/fake-shops/liste-betruegerischeronline-shops/

Die Liebesfalle im Netz

Bei diesen Fällen von Betrug – gerne auch unter dem Begriff »Russische Bräute« geführt – laufen die Geschichten der angeblich großen Liebe zumeist nach folgendem Muster ab:

☞ Erstkontakt: In Singlebörsen, Chatrooms oder Internetforen. Manchmal bekommen Opfer aber auch als Erstkontakt eine E-Mail mit einem Foto geschickt.

☞ Erste Geldbitten: Es wird irgendwann behauptet, den Kontakt nur aufrechterhalten zu können, wenn zum Beispiel Geld überwiesen wird, damit die große Flamme am anderen Ende sich das Telefonieren leisten kann. Oder die Gebühren fürs Internet-Café.

☞ »Wollen wir uns treffen?«: Der nächste Schritt der Liebesfallen-Taktik. Um endlich zueinander zu finden, braucht es das: Vorschüsse für Flugtickets, Visumgebühren et cetera. Beim konkreten Treffpunkt wartet mit Sicherheit niemand – und schon gar nicht die Angebetete aus dem Netz. Hinterher folgen entsprechende Ausreden. Man habe spontan umdisponieren müssen und das Geld gebraucht, um Heizmaterial zu kaufen. Oder die Arztrechnung für die kranke Mutter zu bezahlen et cetera.

Bemerkenswert: Die Opfer dieser Form von Betrug wollen lange Zeit nicht wahrhaben, was in Wirklichkeit schon längst zum Himmel stinkt. Weil der Glaube an »die einzige, wahre Liebe« alle Vernunft zudeckt. Also wird fleißig überwiesen. Oftmals sogar im sechsstelligen Eurobereich! Und der Kontakt zu den Täterinnen bleibt oft sehr lange bestehen.

Die Nigeria-Connection

Bestimmt haben Sie davon schon einmal in den Medien gehört. Ein Schlagwort, das immer wieder um die Welt geht. Die Tätergruppen, die unter den Begriff Nigeria-Connection fallen, sind bereits seit den 1990er-Jahren aktiv und auf der ganzen Welt so verschrien wie das falsche Geld. Dennoch funktioniert die Masche der Betrüger auch heute noch erstaunlich gut.

Hier ein Beispiel, wie so etwas abläuft (Originaltext, inklusive Rechtschreibfehler):

Guten Tag,

Auch wenn dieser Brief Sie sicherlich überraschen wird, nehmen Sie sich bitte einen Moment Zeit um ihn zu lesen. Es ist sehr wichtig. Ich bin Gerald Samaroo und ich arbeite bei einer Finanzhaus in den Niederlanden. Ich habe Ihre Adresse, (max. mustermann@polizei.gv.at) durch den International Web Directory Online gefunden.

Während unseres letzten Treffens und Überprüfung der Bankkontos hat meine Abteilung ein untätiges Konto mit einer riesigen Geldsumme, US$ 6,500,000.00(Sechs Million fünfhundert tausend US Dollar) gefunden, das einem unseren ge-

storben Kunden gehört: Herr Williams aus England. Er ist gestorben und hat keine Begünstigten hinterlassen. So dass die Fonds auf seinem Konto untätig geblieben sind, ohne jeden Anspruch oder Aktivität für einige Zeit schon. Wegen unseren Finanzhaus vorschriften kann nur ein Ausländer als nächster Verwandten stehen und deshalb habe ich mich entschlossen Sie zu kontaktieren, um mit Ihnen zusammen zu arbeiten um diese untätigen Fonds zu reaktivieren. Und so jede negative Entwicklung oder sogar den endgültigen Verlust der Fonds abzuwenden. In Namen meiner Kollegen suchen ich Ihre Erlaubnis als nächster Verwandte unseres verstorbenen Kunden zu stehen, so dass die Fonds freigestellt und auf ihr Konto überwiesen werden können.

Sie würden zum nächsten Verwandten des Begünstigten werden und die Fonds werden in Ihre Verantwortung freigestellt werden. Wir dC 3rfen mit ausländischen Kontos nicht arbeiten, das könnte in der Zeit der Überweisung auffallen. Ich arbeite noch bei dieser Finanzhaus, das ist der eigentliche Grund, dass ich eine zweite Partei oder Person benötige, um mit mir zu arbeiten und Anforderungen als nächster Verwandte zu schicken und auch um ein Bankkonto bereit zu stellen, oder eines bei einer neuen Bank zu eröffnen, um die untätige Fonds zu erhalten.

Am Ende der Transaktion werden Ihnen 40% Prozent zustehen, zur Seite gelegt und 60% werden für mich sein. Was ich von Ihnen verlange ist als nächster Verwandte des Verstorbenen zu stehen. Ich besitze alle notwendigen Dokumente um die Transaktion erfolgreich zu verwirklichen. Weitere Informationen werden Sie sobald ich Ihre positive Antwort bekomme erhalten. *Ich schlage Ihnen vor so bald wie möglich mir zu antworten.*

Wir haben nicht viel Zeit diese unglückliche Situation zu ändern und ich befürchte, dass ohne Ihre Hilfe alles verloren gehen wird. Wegen der Vertraulichkeit bitte ich Sie mir auf meine privaten Email Adresse mit folgenden Angaben zu antworten: Vollständiger Name, Adresse, Telefon- und Faxnummer.

In Erwartung Ihrer Antwort, verbleibe ich, mit freundlichen Gruessen,

Bitte antworten Sie zu meiner privaten E-MailAdresse:

Geraldsamaroo@aol.com

Gerald Samaroo

Email: Geraldsamaroo@aol.com

Es gibt ein paar typische Muster:

Was früher, in Vorzeiten des Internets, über Post oder Fax erfolgte, läuft nun natürlich übers Netz. Über E-Mail. Allerdings kennen wir von der Nigeria-Connection auch die Vorgangsweise, dass man sich immer wieder auch des alten Systems (Post, Fax) bedient.

Oder per Instant Messenger (Chat). Oder über Foren.

Der Inhalt dieser Schreiben ist immer ähnlich. Es geht um Geldgewinne in Lotterien, Erbschaften von angeblichen Verwandten, oder auch vergessene Gelder auf Bankkonten (meist in Nigeria, aber auch in anderen Ländern).

Wichtig auch: Die IP-Adressen lassen sich fast immer auf Länder wie Nigeria oder England zurückführen.

Ebenso die Spuren allfälliger Geldüberweisungen (wir haben eben, bei den Money-Transmittern) davon gehört. Und natürlich als Empfänger-Bank: Western Union.

Die Tricks, um das Vertrauen

der Opfer zu erschleichen

Auch klassisch – es werden folgende Dokumente (natürlich alle gefälscht) vorgelegt, um die Glaubwürdigkeit zu unterstreichen: Bankbestätigungen, Reisepässe, Urkunden et cetera.

Und dann natürlich die immer gleiche Masche: Es muss Geld (anfangs recht wenig) überwiesen werden, um den »Mega-Gewinn«, das »Mega-Erbe« et cetera zu erhalten. Transaktions- oder Bearbeitungsgebühren, wie es heißt.

Tipp

☞ Antworten sie niemals auf solche Briefe oder E-Mails. Denn allein dadurch weiß das Gegenüber, dass Ihre Adresse aufrecht ist und wird nicht locker lassen. Er wird immer wieder den Kontakt suchen und auch an andere weitergeben, die dann mit einer etwas abgeänderten Betrugsmasche ihr Glück bei Ihnen versuchen.

☞ Niemals beigelegte Formulare ausfüllen und zurückschicken. Selbst wenn kein Geld überwiesen wurde – Ihre persönlichen Daten sind somit in den Händen dieser Verbrecher. Sie sind überaus wertvoll und können Ihnen auch lange später noch Schaden zufügen.

Noch etwas: Sollten Sie in Ihrem Bekannten- oder Freundeskreis darauf aufmerksam werden, dass jemand Kontakt zu den angeblichen Verwaltern einer Mega-Erbschaft oder Ähnlichem hat – ziehen Sie alle Register der Überzeugungskunst. Machen Sie klar, dass es diese Erbschaft niemals geben wird.

Die Erfahrung zeigt nämlich: Viele Opfer der Nigeria-Connection halten endlos lange an dem Irrglauben ans große Geld fest. Und verlieren oft ihr ganzes Erspartes – nicht zuletzt, weil die Täter enormen Aufwand betreiben und enorm einfallsreich sind in ihren Methoden, ihre Opfer auszupressen wie eine reife Orange.

Scheckbetrug im Format 4.0

Altbekannt auf den ersten Blick – doch leider nach wie vor hochaktuell: der Scheckbetrug im Internet. Im Format 4.0 sozusagen. Die Vorgehensweise ist nahezu ident im Vergleich zum klassischen Scheckbetrug früherer Jahre, aber mit diesem großen Unterschied:

Das Internet ist der beste Komplize
der Scheckbetrüger überhaupt.

Aus der Praxis

Wieder einmal aus meiner unmittelbaren Umgebung. Damit Sie sehen, dass diese Dinge nicht bloß irgendwo irgendwem geschehen. Nein, vor der eigenen Haustür.

Eine Geschichte, die einer Nachbarin widerfuhr: Geraume Zeit nach der Hochzeit wollte sie eines Tages ihr Brautkleid verkaufen. Sie machte Fotos und stellte sie auf dem Online-Marktplatz www.willhaben.at in die Verkaufsbörse.

Preis: 200 Euro.

So weit, so gut. Kurze Zeit später kam schon der erste Anruf.

»Ist das Brautkleid noch zu haben?«

Meine Nachbarin war hocherfreut. Ein Interessent schon nach so kurzer Zeit. Dann die Frage:

»Ist das okay für Sie, wenn ich Ihnen einen Scheck schicke? Den können Sie dann bei Ihrer Bank einlösen.«

Kein Problem, meinte die Verkäuferin. Warum auch nicht.

Zwei Tage später trudelte per Post ein Scheck ein. Meine Nachbarin staunte, denn der Betrag belief sich nicht auf die vereinbarten 200 Euro, sondern auf 2.000 Euro. Eine Null zu viel also.

Sie rief den Käufer an. Der zeigte sich erst irritiert, dann erleichtert. Irritiert, weil er offenbar den Scheck »falsch kuvertiert« hatte. Der sollte an eine andere Adresse gehen. Und erleichtert, weil meine Nachbarin so ehrlich sei, ihn darauf aufmerksam zu machen und nicht einfach das Geld einstreifte. Weil es am einfachsten wäre (anstatt den Scheck zurückzuschicken), bat er sie daraufhin:

»Lösen Sie den Scheck ein – die ganzen 2.000 Euro. Und überweisen Sie mir dann einfach den Differenzbetrag. Also 1.800 Euro.«

Die Nachbarin war einverstanden, nahm noch die Kontonummer entgegen. Doch ehe sie zur Bank ging, wurde sie von einem sehr unguten Bauchgefühl heimgesucht. Zum Glück. Sie tat das einzig Richtige. Sie erinnerte sich, einen Polizisten in der Nachbarschaft zu haben. Also kam sie damit zu mir.

Ich konnte ihr nur den einen Tipp geben: Du musst Anzeige erstatten.

Der typische Modus Operandi

Der Fall meiner Nachbarin ist ganz klassisch, was das Vorgehen dieser Banden betrifft. Ich möchte hier die üblichen Praktiken kurz skizzieren. Das läuft in der Regel immer so ab:

1. Anbahnung eines Kaufes über E-Mail oder Telefon. Oft geht es auch um Autos oder Ähnliches. Und oft auch auf Plattformen wie www.willhaben.at.

2. Der Kauf wird vereinbart – mündlich oder per E-Mail. Der Täter schickt einen Scheck (der Name der Bank klingt eher unbekannt).

3. Die Schecks werden immer viel zu hoch ausgestellt – mit der späteren Bitte, die Differenz zurück zu überweisen.

4. Heimische Bankmitarbeiter äußern zwar (auch nicht immer) ihre Bedenken – schreiben den Betrag jedoch dem Konto des Opfers gut.

5. Das Opfer überweist die Differenz zwischen Kaufsumme und Scheckbetrag – gutes Geld also.

6. Dann, Tage oder auch erst Wochen später, das böse Erwachen: Der Scheck platzt. Die Bank des Käufers gibt es gar nicht. Die Bank des Opfers verlangt jedoch ihr Geld zurück – die volle Summe.

Dazu noch ein Beispiel, das die Raffinesse und den Erfindungsreichtum solcher Betrüger eindrücklich dokumentiert. Dabei werden gleich zwei Verkaufsplattformen benutzt.

Aus der Praxis

Heinrich, 44, möchte auf eBay einen Laptop verkaufen. Ein Standardgeschäft, wie er schon einige zuvor getätigt hat.

Also macht er, was zu tun ist: Fotos vom Gerät und diese online stellen. Preisvorstellung dazu – ein faires Angebot mitsamt perfekter Gerätebeschreibung.

Dann Schritt 1: Ein Unbekannter kopiert Heinrichs Angebot – und bietet den Laptop auf *willhaben.at* an. Zum halben Preis. Der einzige Unterschied: Als Kontakt gibt er seine eigene Telefonnummer an.

Ernst, 51, potentieller Käufer, stößt auf dieses zweite, extrem günstig scheinende Angebot. Also greift er zum Telefon und ruft an.

»Warum ist das Gerät so günstig?«, will der Interessent wissen. Ernst ist zurecht skeptisch.

»Weil ich zwei bauartgleiche Laptops habe«, kommt es zur Antwort. »Mein Vater und ich haben vor einem Jahr die Laptops gekauft. Mein Vater ist allerdings inzwischen verstorben. Ganz plötzlich. Ein Unfall. Was fange ich mit zwei identen Laptops an?«

Ernst ist noch skeptisch. Der Täter setzt jedoch nach. »Es ist mehr oder weniger ein Notverkauf. Ich brauche das Geld wirklich dringend. Ich habe meiner Freundin versprochen, mit ihr auf Urlaub zu fahren. Und jetzt ist die Kasse knapp. Na, Sie wissen ja, wie das so ist mit den Frauen und nicht eingelösten Versprechen, oder?«

Ernst ist immer noch nicht sicher. Eines will er jedenfalls nicht: Vorauskasse leisten.

»Ich mache Ihnen einen Vorschlag«, sagt der Verkäufer. »Ich sende Ihnen das Gerät zu. Gefällt es Ihnen, überweisen Sie mir das Geld. Gefällt er nicht, schicken Sie es zurück.«

Das ist doch einmal was. Zwei Tage später kommt der Laptop mit der Post. Also überweist Ernst die Summe auf ein Konto bei der Western Union Bank.

Klingt nach einem gewöhnlichen Deal, oder?

Der Täter hat allerdings zuvor das Gerät mit einer über das Darknet gekauften, gestohlenen Visa-Karte beim eBay-Anbieter Heinrich erstanden. Als Adresse des Geldüberweisers gibt er natürlich nicht seine eigene an, sondern die des tatsächlichen Käufers – Ernsts Adresse also. Heinrich hatte zuvor das Zahlungsaviso (per Visa-Karte) registriert und sein Gerät daraufhin im guten Glauben, alles hätte seine Ordnung, verschickt.

Zwei Tage nach dem Deal meldet sich Visa bei Heinrich mit der Hiobsbotschaft: »Der Zahlungsvorgang wurde von einem Unberechtigten getätigt.« Fazit: Es gibt auch kein Geld von der Kreditkartenfirma.

Bitter im ersten Moment – doch Heinrich, Verkäufer des Laptops, wähnt sich immer noch auf der sicheren Seite. Er hat ja die Adresse des Käufers (also die von Ernst). Und erstattet Anzeige. Dass ein Dritter im Spiel gewesen ist, wird erst durch die Ermittlungen klar.

Erpressung mit Polizei-Trojanern und Co.

Auch das ist eine Methode, die gut funktioniert hat und immer noch funktioniert. So geschehen ist es auch beispielsweise im Jahr 2014 in Österreich. Damals hagelte es gleich eine Reihe von Anzeigen, nachdem Menschen zu erpressen versucht worden waren. Und zwar auf diese Weise:

Durch Einschleusen eines Polizei-Trojaners.

Das bedeutet natürlich nicht, dass die Polizei einen Trojaner eingeschleust hat. Vielmehr wurde die Malware Ahnungslosen untergejubelt – und dann erschien auf den Bildschirmen ein vermeintlicher Sperrbildschirm der Polizei oder einer anderen vermeintlich staatlichen Institution.

Mit folgenden Behauptungen:

Vom betreffenden Computer aus wären strafbare Handlungen begangen worden, zum Beispiel Kinderpornografie, Terrorismus, Urheberrechtsverletzungen oder Ähnliches.

Eine Strafzahlung wäre nun fällig. Der Betrag – zwischen 50 und 400 Euro – müsste unverzüglich überwiesen werden, um die Sperre des Computers wieder aufzuheben. Denn der Virus hat genau das getan: den Zugriff auf den PC gesperrt.

Tipp

☞ Steigen Sie niemals auf solche Forderungen ein.

☞ Weder die Polizei noch andere staatliche Institutionen (Finanz, Justiz) senden einfach so Trojaner aus, die Computer privater User lahmlegen.

☞ Selbst wenn das System (was in vielen Fällen nicht geschah) nach der Zahlung wieder freitageschaltet wird – so kann es doch jederzeit wieder geschehen, dass der PC plötzlich nicht mehr funktioniert. Schließlich ist der Virus ja immer noch im System.

☞ Lassen Sie die Schadsoftware von einem Profi entfernen und alle Daten sichern. Hilfe dazu gibt es unter anderem hier: *www.botfrei.de* – dort finden Sie außerdem Screenshots mit Varianten, wie solche Sperrbildschirme noch aussehen können.

☞ Es kann sein, dass sich ihr PC im abgesicherten Modus auch zurücksetzen lässt. Aber: Nach der Datenrettung sollten Sie trotzdem das Gerät professionell neu aufsetzen (lassen). Wer den Trojaner nicht selbst entfernen kann, dem bleibt der Weg zum Experten nicht erspart.

*Wie kann ich mich vor
einem Trojaner schützen?*

Das ist nicht immer und bedingungslos möglich. Doch
Sie können vorbeugen und allfällige Trojaner rechtzeitig
eliminieren. Etwa dadurch, dass Sie regelmäßig Updates
des Betriebssystems vornehmen, installierte Programme
wie *Java & Adobe Flash Player* auf neustem Stand halten,
eine Firewall haben und auch eingeschaltet haben und
ein stets aktualisiertes Virenprogramm einsetzen.

Prinzipiell gilt: E-Mails mit unbekanntem und obendrein
verdächtigem Absender immer löschen und zwar ohne
die angehängten Attachments oder Links (wie etwa .zip-
oder .rar-Dateien) zu öffnen.

Aus der Praxis
Einer meiner Freunde erhielt vor nicht allzu langer
Zeit eine E-Mail vom Paketversand *DHL.* Die Nachricht
kam über *Microsoft Outlook.* Ihm wurde mitgeteilt, dass
ein Paket für ihn im Anmarsch wäre.
Seltsam, dachte er. Er wusste nichts von einer Bestel-
lung. Auch seine Frau nicht. Allerdings: Seine Söhne
hatten zuletzt einige Male übers Internet Teile für ihre
Mopeds geordert. Also konnte es durchaus sein, dass
das Paket rechtmäßig an seine Adresse ging. Mein
Freund schöpfte keinen Verdacht. Und öffnete den Da-
teianhang der E-Mail.

Was geschah? Rasend schnell begannen alle Dateien des Laptops sich zu verschlüsseln. Er hatte keine Chance mehr, auf das Gerät zuzugreifen (ein Firmengerät obendrein, denn mein Freund ist selbständig und hat auf genau diesem Laptop alle wichtigen Firmenunterlagen gespeichert). Nicht, dass die Daten gleich mutwillig zerstört worden wären. Nein. Ihm wurde vielmehr angeboten, sie freizukaufen. Da Geld, dort Entschlüsselung. Da die Unterlagen für ihn von enormer Bedeutung waren, ließ er sich erpressen.

Nachdem er bezahlt hatte, bekam er einen Code. Damit konnte er einen Teil seiner Daten entschlüsseln. Hinterher wurde alles extern abgespeichert und der Laptop neu aufgesetzt.

Falsche Microsoft-Mitarbeiter

Auch diese Masche ist nicht ganz neu – und doch hoch effizient.

Das Telefon klingelt – und dran ist ... Microsoft.

»Ihre Lizenz ist abgelaufen«, heißt es freundlich, doch einigermaßen bestimmt. »Sie können das aber leicht beheben. Ja, jetzt gleich. Mit mir am Telefon.«

Erleichterung macht sich da bei vielen Usern breit. Erst der Schreck, dass die Lizenz nicht mehr gültig ist – doch dann gleich die Lösung. Was für ein Glück. Noch dazu, wo der junge Mann oder die junge Dame sich so hilfreich zeigt.

Wie es weitergeht?

Der Computerbesitzer müsse nur den externen Zugang ermöglichen (zum Beispiel durch ein Programm wie *ShowMyPC* oder *Team Viewer* – eine klassische Fernwartungssoftware also. Oder eine Zahlung über Paypal für diesen Dienst leisten (oder an andere Finanzdienstleister).

Was ist die Folge – abgesehen davon, dass Sie für nichts bezahlt haben?

Sie haben dadurch den Tätern diese Möglichkeiten in die Hand gegeben:

☞ Infizieren Ihres Gerätes mit einem Trojaner
☞ Zugang auf gespeicherte, hochsensible Daten – Bankkonto, Sicherheitscode der Kreditkarte, TANs für E-Banking. Denn während Sie arglos Ihre Bankgeschäfte et cetera führen, kann der Täter alles in Echtzeit mitverfolgen. Auch über sogenannte Keylogger – das sind Programme, die jeden Tastendruck Ihrerseits auf der Tastatur speichern und weitergeben.

Bekannt ist übrigens auch diese Variante:

Ein Trojaner, der einen Sperrbildschirm installiert. Danach die Aufforderung, sich bei einer englischen Telefonnummer zu melden. Dort würde sich ein Microsoft-Mitarbeiter um die Angelegenheit kümmern. Wer tatsächlich am anderen Ende der Leitung sitzt, können Sie sich ausmalen.

Wieder nach dem alten Prinzip:

Du gibst mir Geld und ich dir den Code, um dein Problem zu beheben.

Phishing

Ein Begriff, der seit einigen Jahren immer wieder durch die Medien geistert. Mit Geschichten, die die Menschen sensibilisieren und vorsichtiger im Umgang mit ihren Daten machen sollen. Was nichts daran ändert, dass es doch immer wieder geschieht:

Das Herauslocken geheimer Daten. Persönliche Daten, die dafür dienen:

☞ Online-Banking
☞ Einkaufen bei Online-Shops
☞ Soziale Medien

Der Modus Operandi ist in der Regel der: E-Mails oder Chatnachrichten gehen auf die Reise. Darin wird aufgefordert, einen Link anzuklicken oder angebliche »Formulare« (in Form von Dateianhängen) zu öffnen und auszufüllen.

Die Zahl unterschiedlicher Phishing-Attacken nach doch immer ähnlichem Muster geht in die Zigtausende.

Nahezu jedes Geldinstitut kann davon berichten. Einzelheiten dazu finden Sie auch unter: *https://www.watchlist-internet.at/phishing/*.

> **Tipp**
>
> ☞ Banken (oder andere seriöse Unternehmen) fragen niemals über Chat, WhatsApp oder E-Mail et cetera nach persönlichen Daten
> ☞ E-Mails oder andere Nachrichten, die in diese Richtung gehen, unverzüglich und die Anhänge ungeöffnet löschen.
> ☞ Verschicken Sie vertrauliche Daten auch nicht via E-Mail. Und geben Sie auch nichts am Telefon preis. Unter keinen Umständen!
> ☞ Vertrauliche Daten dürfen nur auf Seiten mit sicherer SSL-Verschlüsselung übermittelt werden.

Mobile TAN-Phishing

Der Name verrät bereits, worum es geht: um das Ausspionieren von TANs. Schließlich ist es längst Usus bei Millionen Menschen in aller Welt, Bankgeschäfte von unterwegs zu tätigen – sei es vom Laptop aus, sei es via Tablet oder Handy. Das ruft natürlich auch Kriminelle auf den Plan.

2014 kam es – Sie erinnern sich bestimmt – zur großen Umstellung der Banken in punkto SEPA. SEPA steht für

Single Euro Payments Area – und ist ein Projekt zur Vereinheitlichung bargeldloser Zahlungen.

Wie diese betrügerischen Phishing-E-Mails aussehen können, sehen Sie hier anhand von zwei Beispielen so genannter Banken-Spams:

Banken-Spam Nummer 1:

»Betreff: Bitte umgehend melden –
11.01.2017 von Fall-Management
Umstellung auf SEPA-Lastschriftverfahren

Sehr geehrte Kundin, sehr geehrter Kunde,
PayPal hat begonnen das neue SEPA-Lastschriftverfahren für Ihre Einkäufe mit PayPal einzusetzen. In Übereinstimmung mit den neuen europäischen Bestimmungen erlaubt Ihnen das SEPA Lastschriftverfahren, Ihr Bankkonto und Ihre Kreditkarte zur Zahlung mit PayPal zu verwenden.

Wir bitten einige unserer Kunden um einen Datenabgleich. Ihre eingegebene Bankverbindung wird automatisch in das neue SEPA-Format umgewandelt. Die Umstellung auf SEPA macht es für Sie notwendig, eine Bestätigung Ihrer Daten durchzuführen. Im Anschluss können Sie Ihr PayPal-Konto wieder wie gewohnt nutzen.

Mit freundlichen Grüßen
Ihr Team von PayPal.de«

Banken-Spam Nummer 2:

»An: Recipients

Betreff: SEPA – UMSTELLUNG/ SICHERHEIT IM ONLINE-
BANKING

SPARKASSE BERLINER STRASSE 40-41, 10715 BERLIN

Sehr geehrter Kunde,

Wie Ihnen wahrscheinlich bekannt ist, tritt ab 01.Februar
2014 das neue SEPA-Zahlungssystem in Kraft. SEPA (Single
Euro Payments Area) ist das neue vereinheitlichte Zahlungs-
system, das europaweit gilt. Mit dem neuen SEPA-System
werden Überweisungen nicht nur schneller und zuverlässiger,
der Zahlungsverkehr wird durch dieses neue System auch sicherer.

Bitte folgen Sie den Anweisungen des untenstehenden Links:
www-sparkasse.de/kundenservise/sepa.abteilung
<http://www.bpmsulsel.com/www.sparkasse.de/online.ban-
king.SEPA. htm>
Nach Vervollständigung dieses Schrittes werden Sie von einem Mitarbeiter unseres Kundendienstes zum Status Ihres
Kontos kontaktiert.

Beim Online-Banking haben Sie per Mausklick alles im Griff!
Mit dem komfortablen Online-Banking Ihrer Sparkasse haben
Sie schnellen und problemlosen Zugang zu Ihrem Girokonto
und erledigen Überweisungen und Daueraufträge bequem per
Mausklick. Das Online-Banking bietet aber noch viele weitere
Vorteile.

DIE VORTEILE DES ONLINE-BANKINGS AUF EINEN BLICK:
- *Kontozugang rund um die Uhr*
- *Schneller Zugriff aufs Girokonto*
- *Online-Banking bequem vom PC aus*
- *Flexibel in jedem Winkel der Welt*
- *Übersichtliche Kontoführung*
- *Hohe Sicherheitsstandards*
- *Online-Banking ist kombinierbar mit Telefon-Banking*

Um diese Dienste weiterhin problemlos nutzen zu können, führen Sie bitte das Update zur SEPA-Umstellung so schnell wie möglich durch.

Mit freundlichen Grüßen
Online-Banking-Abteilung SPARKASSE«

In beiden Fällen ist zu sagen: Bedauerlicherweise haben sehr viele Menschen darauf reagiert und getan, was von Ihnen verlangt worden ist. Das Vorgehen ist symptomatisch für diese Art von Betrug. Hier ein kurzer Abriss der Handlungen, die dazu führten, dass so viele Bankkunden zu Opfern wurden:

1. Öffnen der angehängten Datei(en)
2. Damit war das Gerät infiziert (Trojaner)
3. Ein Keylogger-Programm installiert sich unbemerkt – von nun an konnten die Täter in Echtzeit mitlesen, was die Kunden in den PC eingaben – zum Beispiel die Daten für das Online-Banking.

4. Nach weiteren Anweisungen wurde verlangt, eine Einverständniserklärung auszufüllen und zurückzusenden – mit den eigenen Daten und Telefonnummer

5. Dann – um sich »als Kontoinhaber zu verifizieren« – wurde verlangt, eine aufs Handy gesandte Nachricht anzunehmen und anzuklicken.

6. Durch das Anklicken installierte sich eine Schad-Software auf dem Handy – von nun an hatten die Täter auch uneingeschränkten Zugriff auf die Telefone ihrer Opfer. Somit konnten Sie jederzeit von der Bank per SMS zugesandte TANs abfangen und blockieren – und selbst verwenden, um eine Vielzahl von Konten blitzartig zu leeren.

Tipp

Einmal mehr: Installieren Sie auch am Handy oder Tablet Anti-Viren-Programme – zumindest ein Kostenloses. Bei Android zu finden im Play Store, bei Apple im App Store.

Die Masche mit der offenen Rechnung

Ebenfalls ein gleichermaßen beliebtes wie einträgliches »Geschäftsmodell« bei Betrügern: die Nummer mit dem Mahnschreiben eines namhaften Unternehmens – oder mit gleich mit einem Anwaltsbrief. Diese angeblich nicht beglichenen Forderungen gehen per E-Mail ein. Und haben im Gepäck nicht die Rechnung, sondern eine Malware. Sobald Sie die Rechnung anklicken, haben Sie auch schon die Schadsoftware auf ihrem Rechner. Oder Handy.

Wie kann ich mich davor schützen?

Dazu ein paar praktische Hinweise, die das Gröbste schon verhindern:

☞ Recherchieren Sie bei verdächtiger Post: Gibt es diesen Absender überhaupt? Hatte ich mit diesem schon einmal zu tun?

☞ Glauben Sie nicht alles, was in einer E-Mail behauptet wird. Bloß, weil es entsprechend forsch und selbstsicher formuliert ist

☞ Offenkundig betrügerische E-Mails sofort löschen – und gleich als Spam markieren

☞ Niemals unbekannte Anhänge öffnen

Was tun, wenn es mich doch erwischt hat?

Hier die wichtigsten Sofortmaßnahmen für den Fall der Fälle:

☞ Schadsoftware so rasch wie möglich entfernen (lassen)

☞ Aktualisiertes Anti-Viren-Programm aktivieren, mit sofortigem Viren-Scan

☞ Ein paar Tage später: erneuter Viren-Scan (eventuell auch Neuinstallation)

☞ Sofortige Änderung der Zugangsdaten

☞ Außerdem: Anzeige erstatten

URHEBERRECHT - WENN ES UM DAS GEISTIGE EIGENTUM GEHT

Ein Kapitel bin ich Ihnen noch schuldig: Was, wenn geistiges Eigentum bedroht wird? Hier am Beispiel Österreich – doch wichtig sind nicht einzelne Paragrafen, sondern ein Grundverständnis, was den Umgang mit Urheberrechten angeht.

Die gesetzlichen Bestimmungen in anderen Ländern – etwa Deutschland – sind ohnedies ähnlich. Das aktuelle Gesetz für Österreich jedenfalls finden Sie auf *www.ris. bka.gv.at* im Rechtsinformationssystem des Bundes[33]. Was zählt, ist:

Kinder und Jugendliche müssen so früh wie möglich lernen, was es heißt, mit Bildern, Videos und Texten im Netz umzugehen und dass nicht alles beliebig verwendet werden darf.

Sie müssen auch das wissen: Bei Verletzung von Urheberrechten kann es zu teils sehr hohen Anwaltskosten kommen. Am häufigsten werden dabei diese Übertretungen durch Jugendliche festgestellt:

☞ Das Recht am eigenen Bild
☞ Download und Weitergabe von Videos und Musik

---

33 https://www.ris.bka.gv.at/GeltendeFassung.wxe?Abfrage=Bundesnor men&-Gesetzesnummer=10001848

Urheberrecht – Was sagt das Gesetz?

Bildnisschutz:

§ 78. (1) Bildnisse von Personen dürfen weder öffentlich ausgestellt noch auf eine andere Art, wodurch sie der Öffentlichkeit zugänglich gemacht werden, verbreitet werden, wenn dadurch berechtigte Interessen des Abgebildeten oder, falls er gestorben ist, ohne die Veröffentlichung gestattet oder angeordnet zu haben, eines nahen Angehörigen verletzt würden.

(2) Die Vorschriften der §§ 41 und 77, Absatz 2 und 4, gelten entsprechend.

Was heißt das im Klartext?

Ganz einfach. Wer urheberrechtlich geschützte Werke eines anderen ins Internet stellt, ohne die Zustimmung des Schöpfers (Urhebers) einzuholen, macht sich strafbar. Das heißt, wenn wir ein Werk anderen zur Verfügung stellen, also abrufbar machen.

Aber was heißt das, zur Verfügung stellen? Das bedeutet:

☞ Das Hochladen auf frei zugängliche Webseiten
☞ Das Anbieten in Tauschbörsen
☞ Das Verwenden etwa bei einem Verkaufsinserat
☞ Das Hochladen in Sozialen Netzwerken (Facebook und Co.)

Es spielt keine Rolle, ob die Veröffentlichung privaten Zwecken dient oder kommerziellen. Und auch nicht, wie viele Menschen auf ein Foto,

Video et cetera. im Netz zugegriffen haben –
selbst wenn es gar niemand gesehen hat.

Das Zur-Verfügung-Stellen im oben genannten Sinne allein genügt, um gegen geltendes Recht zu verstoßen. Ob es dann auch sofort geahndet wird, ist wieder eine andere Frage. Sicher in der Verwendung fremden geistigen Eigentums ist man nur im rein privaten Bereich: zum Beispiel in einer geschlossenen, also nicht-öffentlichen Facebook-Gruppe.

Wann »Öffentlichkeit« herrscht, ist nicht so ohne weiteres zu sagen. Dafür gibt es keine allgemein gültigen Vorschriften, aber: Die Rechtsprechung ist im Allgemeinen ziemlich streng. Definitiv nicht öffentlich ist der Kreis der Familie oder Freundeskreis (analog, im echten Leben also).

Die goldene Regel für das Netz:

Nur weil etwas im Netz abrufbar ist, darf es noch
lange nicht beliebig verwendet werden.

Wer also ein Foto, Video, einen Text oder was auch immer ins Internet stellen und auf Nummer sicher gehen will, sollte unbedingt die Zustimmung des Rechtsinhabers einholen. Im Idealfall schriftlich. Dass dies in der Praxis oft schwer umsetzbar ist, steht auf einem anderen Blatt Papier.

Am besten ist natürlich, Fotos für die Veröffentlichung selbst zu machen. Andernfalls kann eine Urheberrechtsverletzung so richtig Geld kosten: bis zu mehreren Tausend Euro.

> **Tipp**
> Freie Bilder: Sie sind im Internet relativ leicht zu finden – mit Infos, welche Bilder unter welchen Voraussetzungen verwendet werden dürfen. Zumeist genügt es, die Bilder anzuklicken (Doppelklick), um Details zu erfahren.
> Unter Quellenangabe ist die Verwendung kostenlos erlaubt – allerdings nicht zu kommerziellen Zwecken. Hier zwei der gängigsten Homepages:

☞ *www.pixabay.com/de*
☞ *www.bilderpool.at*

Das richtige Zitieren

Es gibt genaue, standardisierte Zitierregeln. Die exakte Quellenangabe sollte also folgende Angaben enthalten:

☞ Name des Autors oder der Autorin beziehungsweise der Institution
☞ Titel des Werkes (sofern bekannt)
☞ Erscheinungsjahr

☞ Fundstelle (in Büchern die Seitenangabe, Zeitungs-
ausgabe und vollständige Internetadresse mit dem
Datum des letzten eigenen Aufrufs …)

Upload und Download:
Unwissenheit schützt nicht

Wir haben es bereits gehört: Das Hochladen geschützter
Werke ohne Zustimmung des Urhebers, um sie beispielsweise auf Webseiten zu stellen oder für Inserate zu verwenden et cetera, ist eine Verletzung des Urheberrechts.
Doch wie sieht es mit dem Herunterladen von Werken
aus, die ihrerseits illegal ins Netz gelangt sind? Etwa auf
digitalen Tauschbörsen? Gerade bei Tauschbörsen läuft
man oft zusätzlich Gefahr, dass während des Downloads
die soeben heruntergeladene Datei von anderen Usern
hochgeladen wird – zeitgleich. Es gilt:

Sich als User nur auf Unwissenheit auszureden,
zählt nicht. Strafbar macht man sich trotzdem.

Das bedeutet: Sollte Ihnen (so wenig wahrscheinlich es klingen mag) ein Anwaltsbrief wegen einer Verletzung des
Urheberrechts ins Haus flattern, dann ignorieren Sie ihn
nicht einfach so. Andernfalls kann es richtig teuer werden.
Hilfe könnte – einmal mehr – hier zu finden sein: *www.*
ombudsmann.at. Auch die zahlreichen Einrichtungen des
Konsumentenschutzes helfen.

Streamen von Filmen:
Legal oder illegal?

Streaming – also die Übertragung von Audio- oder Videodateien im Internet, ohne, dass die Dateien auf dem Rechner des Users abgespeichert (weil nur kurzfristig zwischengespeichert) werden – könnte ebenfalls schon bald zum Problemkind des Urheberrechts werden.

Ist das Streamen also illegal?[34]

Bis dato gibt es (in Österreich) keine Rechtsprechung in diese Richtung. Allerdings hat der Europäische Gerichtshof erst Ende Mai des Vorjahres (2018) ein Urteil gefällt, das noch Folgen haben könnte. Weil das Streamen zwar nicht generell, doch auf bestimmten Plattformen (zum Beispiel kinox.to) für illegal erklärt wurde – und zwar, weil urheberrechtlich geschützte Werke ohne Zustimmung veröffentlicht wurden.

Offizielle Online-Mediatheken sind unbedenklich. Bei Quellen allerdings, die als illegal erkennbar sind, kann es künftig auch beim Streamen haarig werden – selbst für einzelne, private User.

---

34 https://www.ra-salzburg.at/2017/10/09/wann-iststreaming-noch-erlaubt/ 18.03.2018

HILFE IM NETZ –
AUF EINEN BLICK

Hier finden Sie die Vielzahl jener Plattformen etc., die ich Ihnen im Laufe des Buches zu den unterschiedlichen Themen empfohlen habe, gesammelt und auf einen Blick und erweitert um andere, ebenfalls sehr nützliche Stellen.

Allgemeiner Umgang mit dem Internet

www.saferinternet.at
Hier finden Sie Hilfe und Anregungen, wie Sie Ihre Kinder bei der sicheren und verantwortungsvollen Verwendung von Internet, Handy und Co. unterstützen können.

Saferinternet bietet für die Schulen auch eine sogenannte Schutzimpfung an, wobei die sichere Nutzung von Internet und Handys nähergebracht wird.
www.saferinternet.at/beispiele-fuer-workshops/#c1823

www.klicksafe.de
Klicksafe ist das deutsche Safer Internet Centre im Safer Internet Programm der Europäischen Union. (Die EU-Initiative für mehr Sicherheit im Netz)

Internet-Betrug, Online-Shopping und vieles mehr

www.watchlist-internet.at
Die Watchlist Internet ist eine unabhängige Informationsplattform zu Internet-Betrug und betrugsähnlichen Online-Fallen aus Österreich. Sie informiert über aktuelle Betrugsfälle im Internet und gibt Tipps, wie man sich vor gängigen Betrugsmaschen schützen kann. Opfer von Internet-Betrug erhalten konkrete Anleitungen für weitere Schritte.

www.ombudsmann.at
Bietet Kostenlose und kompetente Hilfe rund um Online-Shopping und Internetbetrug im Auftrag des Konsumentenschutzministeriums. Der Internetombudsmann hat auch einen direkten Draht zu zahlreichen Foren und Social-Media-Plattformen, unter anderen auch zu Facebook und ist rasch zur Hilfe, wenn Fake-Seiten oder Seiten mit pornografischen Materialien hochgeladen wurden. Er bemüht sich um rasche Löschung.

Kinder und Onlinespiele/-filme

www.pegi.info/de/index
PEGI gibt Tipps, welche Spiele für welche Altersgruppen geeignet sind.

Das System der Altersempfehlungen soll sicherstellen, dass bei Unterhaltungsmedien wie Filmen, Videos,

DVDs und Computerspielen deutlich angegeben wird, für welche Altersgruppe ihre Inhalte geeignet sind.

Kinder und Pornografie

www.stopline.at

Meldestelle im Internet, an die sich Internetnutzer - auch anonym - einfach und unbürokratisch wenden können, wenn sie im Internet auf Webseiten mit folgenden Inhalten stoßen:

* Kinderpornografie gemäß § 207 a österr. StGB
* Nationalsozialismus gemäß österr. Verbots- und Abzeichengesetz u.a.

Mobbing-Beratung

www.kija.at
Kinder- und Jugendanwaltschaften, Beratung, Kinderrechte, Präventionsstelle, Info, Publikationen, Aktivitäten...

www.juuuport.de
Anonyme Beratung und praktische Online-Tipps von Jugendlichen für Jugendliche und Mobbingopfer

Privatsphäre im Netz – Übung zum Lernen

www.saferinternet.at/privatsphaere-leitfaeden/

Unterricht in den Schulen – nützliche Plattformen

www.klicksafe.de/materialien/
Lehrerhandbuch »Knowhow für junge User« zum Download.

www.bupp.at
Das ist die österreichische Bundesstelle für die Positiv-Prädikatisierung von Computer- und Konsolenspielen, begutachtet auch Spiele für Handys, Smartphones und Tablets.
Über reine Spielempfehlungen hinausgehend werden hier zusätzlich Informationen zu möglichst vielen Spielen am Markt angeboten, wodurch Eltern und Lehrkräfte eine noch breitere Grundlage zur Bewertung und Auswahl von digitalen Spielen erhalten.

www.schulische-gewaltpraevention.de
Materialien, Publikationen und Angebote des Instituts für Friedenspädagogik
Gewaltprävention Vorschule, Grundschule und Sekundarstufe (kostenloser Bücherdownload mit sehr viel Arbeitsmaterialien, sehr zu empfehlen).

www.internet-abc.de/kinder/
Die unabhängige Plattform Internet-ABC bietet Informationen über den sicheren Umgang mit dem Internet für Eltern, Pädagogen und Kinder.

Info darüber, wie das Internet funktioniert, über ein paar tolle Spiele, zusätzlich ein Lexikon - einzelne Begriffe nachschlagen. Hausaufgabenhelfer und Surfratgeber.

Weitere Broschüren für den Unterricht

www.saferinternet.at/broschuerenservice/

https://online.webchecker.at/
Infoportal für junge Menschen vom Land Oberösterreich

www.mimikama.at/
Infoportal für Falschmeldungen im Internet

www.sheeplive.eu
Workshops Vorschule und Volksschule mit coolen Zeichentrickfilmen zu Themen wie: Bildnis-Schutz, Grooming, Verraten von Daten, das Internet vergisst nichts und so weiter. Die Filme können in verschiedensten Landessprachen abgerufen werden, indem man auf die Landesflaggen der Schäfchen klickt.

Viren, Hoax und Co.

www.hoax-info.tubit.tu-berlin.de/hoax
Info über Computer-Viren, die keine sind und andere Falschmeldungen und Gerüchte. Viren, Malware, IT-Sicherheit, Kettenbriefe, E-Mail-Betrug, ...

www.salfeld.de
Die Kindersicherung bietet für Windows und Android diverse Zeitlimits (Limit für einzelne Programme, Apps und Webseiten), einen starken Webfilter und umfangreiche Protokolle.

onlinefamily.norton.com/familysafety/loginStart.fs
Sicherheitssoftware für Verbraucher mit Downloadmöglichkeit.

salfeld.de/
Kindersicherheit am PC und am Smartphone - Softwaredownloadmöglichkeit für IOS und Android

Literaturverzeichnis

Joachim Bauer: Warum ich fühle, was du fühlst / Intuitive
Kommunikation und das Geheimnis der Spiegelneurone;
2006 Hoffmann und Campe.

Joachim Bauer: Lob der Schule, Sieben Perspektiven für
Schüler, Lehrer und Eltern; 2008, Heyne Verlag.

Mechthild Schäfer / Gabriela Herpell: Du Opfer, wenn Kinder
Kinder fertig machen; 2010 Rowohlt Verlag.

Catarina Katzer: Cybermobbing -Wenn das Internet zur
W@ffe wird; 2014 Springer Verlag.

Aaron Antonovsky; Salutogense –Zur Entmystifizierung der
Gesundheit / Deutsche Herausgabe von Alexa Franke 1997
dgvt Verlag Tübingen.

Simone Sauer-Stricker; Die Bedeutung der Resilienzforschung
für Sozialpädagogik; Hausarbeit; 2004; Grin Verlag(e).

Corina Wustmann; Resilienz- Widerstandfähigkeit von
Kindern in Tageseinrichtungen fördern; herausgegeben von
Prof.Wassilios E. Fthenakis; Beiträge zur Bildungsqualität,
2004; Cornelsen Verlag.

Reinhard Haller: Die Macht der Kränkung, 2015 Ecowin
Verlag.

Joachim Bauer: Vortrag Aggression und Friedenskompetenz aus Sicht der Hirnforschung; Linz 2016.

Joachim Bauer: Schmerzgrenze - Vom Ursprung alltäglicher und globaler Gewalt; 2011, Blessing Verlag.

Fröhlich-Gildhoff / Dörner / Rönnau: Prävention und Resilienzförderungen in Kindertageseinrichtungen – PRIK; Trainigsmanual für ErzieherInnen; 2007; Ernst Reinhardt Verlag München Basel.

Günther Gugel: Handbuch Gewaltprävention für die Grundschule 2007; Institut für Friedenspädagogik Tübingen e.V.

Günther Gugel: Handbuch Gewaltprävention II-Für die Sekundarstufen und die Arbeit mit Jugendlichen – GrundlagenLernfelder-Handlungsmöglichkeiten; 2010; Institut für Friedenspädagogik Tübingen e.V.

Christoph Thomann / Friedeman Schulz von Thun: Klärungshilfe 1; Handbuch für Therapeuten, Gesprächshelfer und Moderatoren in schwierigen Gesprächen; 2011 Rowohlt Verlag.

Christoph Thomann: Klärungshilfe 2 - Konflikte im Beruf: Methoden und Modelle klärender Gespräche; 2014; Rowohlt Verlag.

Christoph Thomann / Christian Prior: Klärungshilfe 3-Das Praxisbuch 2007 Rowohlt Verlag.

Olweus: Langzeitstudie Eron et al.1987; Olweus 1984.

William S. Pollack, Ph.D. Prior Knowledge of Potential School-Based Violence:Information students learn may prevent a targeted attack; United States Secret Service; Washington D.C. 2008.

Julius & Prater, 1996; Davis, 1999, Howard, Dryden & Johnson, 1999, Buch Resilienz Wustmann, Seite 113.

Ursula Nuber: www.ursula-nuber.de / i / ursula_nuber_leseprobe_resilienz_schicksal.html.

NEUMANN, Peter R. Der Terror ist unter uns: Dschihadismus, Radikalisierung und Terrorismus in Europa. Ullstein eBooks, 2016.

Quellenverzeichnis

https://www.edugroup.at/innovation/forschung/jugend-medienstudie/detail/5-ooe-jugend-medien-studie-2017.html

https://www.lsr-ooe.gv.at/fileadmin/erlasssammlung/2017/A3-105-12017.pdf

https://www.saferinternet.at/urheberrechte/

http://www.ris.bka.gv.at/GeltendeFassung.wxe?Abfrage=LrOO&Gese tzesnummer=20000130

https://www.jusline.at/gesetz/stgb/paragraf/207a

http://lmgtfy.com/?q=snapchat+hacken

https://www.youtube.com/watch?v=tVY5X1-cbVo

https://www.saferinternet.at/uploads/tx_simaterials/Methodik_Handbu ch_Sheeplive_Cartoons.pdf

https://www.welt.de/wissenschaft/article1335297/Zeichentrickfilmemachen-kleine-Kinder-aggressiv.html

http://pediatrics.aappublications.org/content/120/5/993

https://de.wikipedia.org/wiki/Ego-Shooter

http://bupp.at/de/jugendschutz

https://www.uibk.ac.at/psychologie/mitarbeiter/leidlmair/
methodenarbeit-ws2010-11.pdf

https://www.uibk.ac.at/psychologie/mitarbeiter/leidlmair/
seminararbeit. fachliteratur..pdf

https://www.uibk.ac.at/public-relations/medien/unizeitung/
uz14.pdf

https://de.wikipedia.org/wiki/Mordfall_Kitty_Genovese

https://de.wikipedia.org/wiki/Verantwortungsdiffusion

http://hoax-info.tubit.tu-berlin.de/hoax/

https://www.google.at/search

http://www.24aktuelles.com

https://de.wikipedia.org/wiki/Filterblase

https://www.google.at/search?q=Katze+Waffe&dcr=0&tbm=isch
&tbo=u&source=univ&sa=X&ved=0ahUKEwjgmuHopILZAhWBaQ
KHTdNCdoQsAQIJg&biw=1745&bih=846

https://www.blick.ch/incoming/waffen-hass-und-katzen-so-
zeigt-sichder-is-im-internet-id3185628.html

https://www.facebook.com/hacked

https://ombudsmann.at

https://www.watchlist-internet.at/news/abzocke-mit-mehrwert-smsweb-und-wap-abos-was-tun/

http://europakonsument.at/de/page/haftung-fuer-ungesichertes-wlan

http://www.connect.de/ratgeber/android-smartphone-tablet-absicherntipps-3197184.html

https://support.apple.com/de-at/HT203977

http://www.utrace.de

https://www.watchlist-internet.at/fake-shops/liste-betruegerischeronline-shops/

https://www.watchlist-internet.at/phishing/

https://www.ris.bka.gv.at/GeltendeFassung.wxe?Abfrage=Bundesnor men&Gesetzesnummer=10001848

https://www.ra-salzburg.at/2017/10/09/wann-ist-streaming-nocherlaubt

https://duckduckgo.com/

Danksagung

Der allererste und innigste Dank gebührt meiner Frau Gerda. Schon während der Zeit meiner Ausbildung hatte sie – mit unseren Kindern und ihrer bei uns im Haus lebenden pflegebedürftigen Mutter – alle Hände voll zu tun. Und dennoch hatte sie immer ein Ohr für mich und mir jede Form von Unterstützung angedeihen lassen, die nur möglich war.

Insgesamt sechs Jahre durfte ich beim Landeskriminalamt Linz als Projektleiter für das Projekt Click&Check agieren. Damals war ich auch Bundestrainer für die Polizeipräventionsbeamten in Österreich. Dieses Projekt mit einem ausgezeichneten Team in ganz Österreich umzusetzen, war eine ebenso große wie freudvolle Herausforderung. Rund 400 Präventionsbeamte durfte ich in diesen Jahren als Seminarleiter methodisch schulen und das Feuer der Prävention in deren Herzen wecken.

Vielen Dank auch an dieser Stelle den vielen Testlesern, die mein Buch vor Erscheinen akribisch studiert und mit wertvollen Anregungen bereichert haben. Und dem Erfinder des Projektes, Adolf Wöss vom Landeskriminalamt Linz, der mich all die Zeit unterstützte, mir immer zur Seite stand. Während meiner Tätigkeit beim Landeskriminalamt lernte ich sehr viele Spezialisten kennen, denen ich ebenfalls meinen persönlichen Dank aussprechen möchte. Die da wären:

Barbara Buchegger und Bernhard Jungwirth von Safer Internet. Safer Internet hat mich jahrelang bei der

Ausbildung der Präventionsbeamten unterstützt und durch die Vernetzung vor allem auch bei den Safer-Internet-Vernetzungstreffen lernte ich sehr viel dazu. Besonders prägend war Barbara mit ihrem Weitblick und ihrer pädagogischen Sichtweise zum Thema. Dieses Wissen konnte ich in meine Vorträge einbauen und spiegelt sich auch in diesem Buch wider.

Mag. Elisabeth Herndl und DI (FH) Bernhard Füchsl von der Edugroup. Beide haben mich von Beginn an dabei unterstützt, ein Seminar für Lehrer zu gestalten. Vor über 10 Jahren kam es dank Ronald Radmoser und Paul Kotek, beide Lehrer aus dem Bezirk Vöcklabruck, Adolf Wöss als Erfinder von Click&Check, Rudolf Mattle (damaliger Bezirksschulinspektor Eferding) und MAS MSC Peter Eiselmair als Leiter der Edugroup Linz, zur Idee, eine Lehrerfortbildung zum Thema Neue Medien ins Leben zu rufen. Mit viel Know-How von Elisabeth Herndl und Bernhard Füchsl wurde die Seminarreihe Gewalt-Schule-Medien ins Leben gerufen. Es wurden hunderte Direktorinnen, Direktoren und deren Stellvertreter in ganz Oberösterreich geschult und ich durfte Hauptreferent sein.

Einen besonderen Dank möchte ich meinen kritischen Testlesern des Manuskriptes aussprechen. Ihre Anmerkungen und Verbesserungsvorschläge waren ein wertvoller Gewinn für das Buch.

Education Group GmbH DI (FH) Bernhard Füchsl
Abteilungsleiter Mediendistribution

Dr. Johannes Öhlböck LL.M.,Rechtsanwalt | Attorney at Law

DI Barbara Buchegger M.Ed.,Saferinternet

Bernhard Jungwirth,Geschäftsführer ÖIAT und Projektleiter bei Saferinternet.at und bei www.ombudsmann.at

Alois KNAPP, MPA MSc, Landespolizeidirektion Oberösterreich;

Hermann FELDBACHER, Hofrat Mag, Stellvertretender Leiter des Büros für Rechtsangelegenheiten bei der Landespolizeidirektion Oberösterreich